Friedrich Nietzsche
CREPÚSCULO DOS ÍDOLOS

TRADUÇÃO *Edson Bini e Márcio Pugliesi*
INTRODUÇÃO *Geir Campos*

8ª EDIÇÃO

Editora
Nova
Fronteira

Título original: Götzen – Dämmerung

Direitos de edição da obra em língua portuguesa no Brasil adquiridos pela EDITORA NOVA FRONTEIRA PARTICIPAÇÕES S.A. Todos os direitos reservados. Nenhuma parte desta obra pode ser apropriada e estocada em sistema de banco de dados ou processo similar, em qualquer forma ou meio, seja eletrônico, de fotocópia, gravação etc., sem a permissão do detentor do copirraite.

EDITORA NOVA FRONTEIRA PARTICIPAÇÕES S.A
Rua Candelária, 60 — 7º andar — Centro — 20091-020
Rio de Janeiro — RJ — Brasil
Tel.: (21) 3882-8200

Imagem de capa: Edvard Munch
Retrato de Nietzsche, 1906
Munch Museum, Oslo

CIP-Brasil. Catalogação na fonte
Sindicato Nacional dos Editores de Livros, RJ

N581c Nietzsche, Friedrich Wilhelm, 1844-1900
          Crepúsculo dos ídolos: a filosofia a golpes de martelo / Friedrich Wilhelm Nietzsche; tradução Edson Bini, Márcio Pugliesi; Introdução Gerir Campos. – 8. ed. – Rio de Janeiro: Nova Fronteira, 2021.
          136 p.; 23 cm. (Clássicos de ouro)

          Tradução de: Götzen – Dämmerung
          ISBN: 978-65-56402-05-5

          1. Ficção alemã. I. Bini, Edson. II. Pugliesi, Márcio. III. Campos, Gerir. IV. Título. V. Série.

17-40669   CDD: 833
                  821.112.2-3

Sumário

Crepúsculo dos Ídolos, por Geir Campos 7

Prefácio 11

Máximas e Sátiras 13
O Problema de Sócrates 23
A "Razão" na Filosofia 31
Como o "Mundo-verdade" Tornou-se Enfim Uma Fábula
(História de um Erro) 37
A Moral Como Manifestação Contra a Natureza 39
Os Quatro Grandes Erros 45
Aqueles que Querem Tornar a Humanidade "Melhor" 57
O que os Alemães Estão na Iminência de Perder 63
Passatempos Intelectuais 71
O que Devo aos Antigos 119
O Martelo Fala 127

Introdução
Crepúsculo dos Ídolos

Traz este livro um subtítulo: "A filosofia a golpes de martelo."

E num dos capítulos, intitulado "Passatempos intelectuais", o autor desfere sobre alguns "ídolos" consagrados as marteladas firmes do seu lúcido sarcasmo: Sêneca é o "tesoureiro da virtude"; Schiller, o "trombeteiro de Sackingen da moral"; Carlyle, o "pessimismo da má digestão"; Stuart Mill, a "caridade ofensiva"; Zola, a "alegria malcheirosa"; Sainte-Beuve, um "homem de fundo feminino"; George Sand, a "coqueteria feminina com toques varonis"; Kant, o "caráter inteligível", e assim por diante. A quase todos, além dessa espécie de caricatura verbal, Nietzsche faz restrições, poupando excepcionalmente a Goethe, a Dostoiévski, a uns raríssimos.

Abre-se o livro com uma série de "máximas e sátiras" epigramáticas, cuja eficácia o próprio autor justifica: "O aforismo, a sentença na qual tenho sido o mestre entre os alemães (...). Orgulho-me pelo fato de dizer em dez frases o que qualquer outro *não* diz nem em um volume."

Por aí se vê que a humildade não é pedra de toque desse filósofo, ao qual importa muito mais a "ousadia de ser alegre": nessa caça à alegria, entretanto, lá vai ele atropelando quase tudo e quase todos, sem poupar as instituições mais assentadas da civilização dita ocidental e cristã, entre elas a Igreja, a universidade, o casamento... e a própria filosofia.

A propósito dos filósofos mais considerados, diz Nietzsche que "das mãos deles nada saiu com vida", mormente das mãos daqueles que tomaram posição contra a força primitiva do instinto em nome de um moralismo que ele ataca com todas as suas forças: o capítulo sobre "A 'razão' na filosofia" é todo uma diatribe contra os filósofos bem postos no quadro da "cultura" estabelecida. E esse poder de inanimação, por assim dizer, que Nietzsche atribui aos filósofos mencionados faz pensar num pequenino poema de sua autoria, escrito para o seu livro *Die fröliche Wissenschaft* (traduzido às vezes como *A gaia ciência*, outras vezes melhor como *O alegre saber*), intitulado "Ecce homo":

> Sei muito bem de onde é que venho:
> insaciável como a chama,
> ardo e consumo a tudo e a mim.
> Faz-se luz tudo em minha mão,
> o que eu largo é tudo carvão:
> com certeza eu sou fogo, sim.

Numa hora em que tanto se questionam as universidades e o ensino em geral, não só no Brasil como em quase todos os países, as críticas de Nietzsche vêm a calhar: "Nossas universidades são, para pesar próprio, verdadeiras estufas que pioram o espírito nos seus instintos (...). Nossas escolas superiores estão organizadas segundo uma mediocridade ambígua." E o nosso pensamento vai para Marcuse, em cuja opinião "a universidade alemã é uma vaca que só sabe mugir".

Nietzsche sonhava com duas espécies de escolas: umas, profissionalizantes, para a grande maioria das pessoas, e outras, verdadeiramente superiores, para um número ínfimo de frequentadores escolhidos, que nelas estudariam até chegarem aos trinta anos de idade. Ele nunca abriu mão desse ideal aristocrático: "A aristocracia do espírito precisa conquistar sua liberdade em face do Estado, que tem o conhecimento reprimido." E repetia sua pergunta: "O enobrecimento do ser humano é possível?"

Por algum tempo os nazistas tiveram a impressão de que poderiam tirar proveito de alguns textos de Nietzsche para fins de promoção ideológica do seu regime ditatorial e antissemita; mas não poderiam fazer de conta que não leram frases como "os judeus são, sem dúvida, a raça mais vigorosa, a mais tenaz e a mais pura das que atualmente vivem na Alemanha", do livro *Além do bem e do mal*, ou como "os alemães pensam que a força tem que se manifestar pela dureza e pela crueldade, não acreditam que possa haver força na doçura e no silêncio", de fragmentos reunidos postumamente no volume *Vontade de poder*.

Aqui neste livro, fala o autor de alguns outros livros seus. De *Assim falava Zaratustra*: "Ofereci à humanidade o livro mais profundo que ela possui." De *Humano, demasiado humano*: "Nesse meu livro já qualifiquei a democracia e seus paliativos (...) como uma de tantas formas de decadência da força organizadora."

Voltando a este livro, dele diz o autor, no prefácio, que é "acima de tudo um relaxamento, uma mancha luminosa, um salto à ociosidade dum psicólogo", mas que é também "uma grande declaração de guerra" — guerra à moralidade acomodada, que Nietzsche não poupa nem perdoa, decerto por ver também na moral vigente um pretexto do qual se valem alguns "moralistas" para tentarem a imposição de um tipo de comportamento que ele considera doentio: "Na luta contra o animal, torná-lo doente é talvez o único meio de enfraquecê-lo. A Igreja compreendeu isso perfeitamente: corrompeu o homem, tornou débil e reivindica o mérito de tê-lo tornado melhor."

Este livro, como qualquer outro de Friedrich Nietzsche, não é para ser confiado a leitores acomodados: é uma leitura candente, provocadora, inquietante, verdadeira série de golpes de martelo sobre ideias quentes, não permitindo ao leitor nenhum momento de descanso e cobrando dele uma permanente atenção, bem sustentada, pois a cada página e a cada parágrafo surgem assuntos novos ou velhos assuntos com enfoques inteiramente inéditos.

Conta Monteiro Lobato, numa das cartas da sua *A barca de Gleyre*, que estava certa vez folheando um livro de Nietzsche, numa livraria, quando ouviu alguém atrás dele comentar: "Esse autor é dissolvente." Ao que ele respondeu, sem se voltar: "Como sabão."

Geir Campos
1986

Prefácio

Conservar a serenidade em meio a uma causa sombria e justificável além de toda medida não constitui certamente uma arte que se possa desconsiderar: e todavia o que haveria de mais necessário que a serenidade? Nada triunfa a menos que a petulância tenha sua participação. Um excedente de força prova a força. — *Uma transmutação de todos os valores* — este ponto de interrogação tão negro, tão enorme, que lança sombras sobre aquele que o coloca — um tal destino numa tarefa nos força a cada instante a correr rumo ao sol como se para sacudir uma seriedade tornada demasiado opressiva. Para isso todo meio é bom, todo "acontecimento" é bem-vindo. Sobretudo a *guerra*. A guerra foi sempre a grande prudência de todos os espíritos que não são por demais concentrados, de todos os espíritos tornados demasiado profundos; existe o poder de curar mesmo no ferimento. Desde muito uma sentença da qual oculto a origem à curiosidade sábia tem sido minha divisa:

Increscunt animi, virescit volnere virtus.

Outro meio de cura, em certos casos para mim preferível, consistiria em *surpreender os ídolos*... Há mais ídolos do que realidades no mundo; e o meu "olho maligno" para esse mundo é também meu "ouvido maligno"... Colocar aqui questões com o *martelo* e ouvir talvez como resposta esse famoso som oco que fala de entranhas insufladas — que arrebatamento para alguém que, atrás dos ouvidos, possui outros ouvidos ainda — para mim, velho psicólogo e apanhador de ratos, chega a *fazer falar* o que justamente desejaria permanecer mudo...

Este escrito, ele também — o título o revela — é acima de tudo um relaxamento, uma mancha luminosa, um salto à ociosidade dum psicólogo. Quem sabe seja igualmente uma guerra nova?... Este pequeno livro é uma *grande declaração de guerra*; e, quanto a surpreender os segredos dos ídolos, desta vez não são mais os deuses em voga, mas ídolos *eternos* que são aqui tocados pelo martelo como se faria com um diapasão — não há, em última análise, ídolos mais antigos, mais persuasivos, mais inflados. Não há mais ocos também. O que não impede que sejam aqueles em que se *crê mais*; e não são, mesmo nos casos mais nobres, chamados de ídolos...

Turim, 30 de setembro de 1888,
dia em que foi terminado o primeiro livro de
Transmutação de todos os valores

Friedrich W. Nietzsche

1

A ociosidade é mãe de toda psicologia. Como? Seria a psicologia um... vício?

2

O mais corajoso entre nós dispõe apenas raramente da coragem de afirmar aquilo que *sabe* verdadeiramente...

3

Para viver só é necessário ser um animal ou então um deus, afirma Aristóteles. Falta o terceiro caso: é necessário ser um e outro, é necessário ser — filósofo...

4

"Toda verdade é simples." — Não existe aí uma dupla mentira?

5

De uma vez por todas, há muitas coisas que não *quero* absolutamente saber. — A sabedoria traça limites mesmo ao conhecimento.

6

É naquilo que tua natureza tem de selvagem que restabeleces o melhor de tua perversidade, quer dizer, de tua espiritualidade...

7

Como? O homem seria tão somente um equívoco de Deus? Ou então seria Deus apenas um equívoco do homem?

8

Na Escola Bélica da Vida — O que não me faz morrer me torna mais forte.

9

Ajuda a ti mesmo; e então todos te ajudarão. Princípio do amor ao próximo.

10

Não te acovardes diante de tuas ações! Não as repudies depois de consumadas! — O remorso da consciência é indecente.

11

Um asno pode ser trágico? — Perecer sob um fardo que não se pode nem carregar nem rejeitar? (...) O caso do filósofo.

12

Se se possui o *porquê* da vida, põe-se de lado quase todos os *como*? — O homem *não* aspira a felicidade; apenas os ingleses o fazem.

13

O homem criou a mulher — com o que, afinal? Com uma costela de seu deus — de seu "Ideal"...

14

Como? Procuras? Desejarias multiplicar-te por dez? Por cem? Procuras adeptos? — Procuras *zeros*!

15

Os homens póstumos — eu, por exemplo — são menos compreendidos que aqueles que são conforme sua época, mas *escutamo-los* melhor. Que eu me exprima mais precisamente ainda: jamais somos compreendidos — e é *disso* que advém nossa autoridade...

16

Entre mulheres. — "A verdade? Oh, não conheces a verdade! Não é ela um atentado contra nosso *pudor*?"

17

Eis um artista como os aprecio. É modesto em suas necessidades: requer, em suma, somente duas coisas: seu pão e sua arte — *panem et Circen...*

18

Aquele que não sabe dispor sua vontade nas coisas quer ao menos atribuir-lhes um *sentido*: o que o faz acreditar que já existe uma vontade nelas (princípio da "fé").

19

Como? Escolheste a virtude e a elevação do coração e ao mesmo tempo lanças um olhar de inveja às vantagens dos indiscretos? — Mas com a virtude se renuncia às "vantagens"... (a ser escrito na porta dum antissemita).

20

A mulher perfeita perpetra literatura do mesmo modo que perpetra um pequeno pecado: experimentando, de passagem, e volvendo a cabeça para ver se alguém se apercebeu disso, e *a fim* de que alguém se aperceba disso...

21

É mister colocar-se apenas nas situações onde não é permitido ter falsas virtudes, porém onde, como o dançarino sobre a corda, caímos ou nos mantemos — ou ainda nos safamos...

22

"Os homens maus não possuem canções." E como os russos possuem canções?

23

"O espírito alemão": por dezoito anos uma *contradictio in adjecto*.

24

À força de querer buscar as origens nos tornamos caranguejo. O historiador olha para trás e acaba *crendo* para trás.

25

A satisfação nos protege até mesmo de resfriados. Uma mulher que se sabe bem-vestida se resfria alguma vez? Presumo até que possa dar-se o caso de que esteja pouco vestida.

26

Desconfio de todas as pessoas com sistemas e as evito. A vontade de sistema constitui uma falta de lealdade.

27

Diz-se que a mulher é profunda — por quê? se nela jamais chegamos ao fundo. A mulher não é nem sequer plana.

28

Quando a mulher possui virtudes masculinas, não há quem resista a ela; quando não possui virtudes masculinas, é ela que não resiste.

29

"Quanto a consciência teve que morder outrora! Que bons dentes ela tinha! E agora? O que lhe falta?" — Questão dum dentista.

30

Comete-se raramente uma única imprudência. Com a primeira imprudência se faz sempre demais e é por isso que se faz geralmente uma segunda — e então se faz pouco demais...

31

O verme se retrai quando é pisado. Isso indica sabedoria. Dessa forma ele reduz a chance de ser pisado de novo. Na linguagem da moral: a *humildade*.

32

Há um ódio contra a mentira e a dissimulação que procede duma sensível noção de honra; há um outro ódio semelhante por covardia, já que a mentira é *interdita* pela lei divina. Ser covarde demais para mentir...

33

Quão pouca coisa é necessária para a felicidade! O som duma gaita. — Sem música a vida seria um erro. O alemão até concebe o próprio Deus prestes a cantar canções.

34

Só se pode pensar e escrever sentado (G. Flaubert). — Eis que te apanho, niilista! Permanecer sentado é precisamente o *pecado* contra o Espírito Santo. Somente os pensamentos que nos ocorrem ao caminharmos têm valor.

35

Existem casos em que somos como os cavalos, nós, os psicólogos. A inquietude apodera-se de nós porque vemos nossa própria sombra oscilar diante de nós. O psicólogo deve se desviar *de si* para ser capaz de ver.

36

Nós, imoralistas, prejudicamos a virtude? — Tanto quanto os anarquistas prejudicam os príncipes. Só depois de terem sido atingidos de novo se sentam firmemente nos seus tronos. Moral: *é preciso disparar contra a moral.*

37

Corres à *frente* dos outros? — Fazes tal como pastor ou como exceção? Um terceiro caso seria o desertor... *Primeiro* caso de consciência.

38

És verdadeiro? Ou és somente um comediante? És um representante? Ou então és tudo mesmo a coisa que se representa? Afinal de contas és apenas talvez a imitação dum comediante... *Segundo* caso de consciência.

39

O desiludido fala. — Procurei grandes homens e sempre encontrei somente os macacos do ideal deles.

40

És daqueles que olham ou daqueles que aplicam as mãos à coisa? — ou ainda daqueles que desviam os olhos e se mantêm a distância?... *Terceiro* caso de consciência.

41

Queres acompanhar? Ou preceder? Ou ainda trilhar o seu caminho?... É mister saber o que se deseja e se se deseja. — *Quarto* caso de consciência.

42

Eram degraus para mim. Servi-me deles para subir — é por isso que me foi necessário passar sobre eles. Contudo, achavam que eu ia me servir deles para repousar...

43

Que importa que eu tenha a razão?! Disponho de excesso de razão. — E ri melhor hoje quem ri por último.

44

Fórmula de minha ventura: um sim, um não, uma linha reta, um *objetivo*...

O Problema de Sócrates

1

Em todos os tempos os sábios fizeram o mesmo juízo da vida: *ela não vale nada*... Sempre em toda parte ouvimos sair de suas bocas a mesma palavra — uma palavra repleta de dúvida, repleta de melancolia, repleta de cansaço da vida, repleta de resistência contra a vida. Mesmo Sócrates disse ao morrer: "Viver é estar há muito tempo enfermo: devo um galo a Esculápio libertador." Mesmo Sócrates tivera o bastante disso. O que isso *demonstra*? O que isso *mostra*? Outrora se teria dito (oh, e se disse, e muito alto, e nossos pessimistas em primeiro lugar!): "É necessário que haja aqui algo de verdadeiro! O *consensus sapientium* demonstra a verdade." — Falamos assim ainda hoje? *Podemos*? "É preciso em todos os casos que haja aqui alguma coisa de *enfermo*" — eis nossa resposta: esses sábios entre os sábios de todos os tempos, seria mister primeiramente vê-los de perto! Talvez não estivessem firmes sobre suas pernas, talvez fossem retardatários, vacilantes, decadentes? A sabedoria quem sabe aparecesse sobre a Terra como um corvo, ao qual um ligeiro odor de carniça entusiasma?...

2

Essa irreverência de considerar os grandes sábios como *tipos de decadência* nasce em mim precisamente num caso em que os preconceitos letrado e iletrado se opõem com maior força: reconheci em Sócrates e em Platão sintomas de decadência, instrumentos da decomposição grega, pseudogregos, antigregos (*A origem da tragédia*, 1872). Esse *consensus sapientium* — sempre o compreendi claramente — não prova, de maneira alguma, que os sábios tivessem razão naquilo em que concordavam. Prova isto sim que eles, esses sábios entre os sábios, mantinham entre si algum acordo *fisiológico*, para assumirem diante da vida essa mesma atitude negativa — para serem *tidos* por tomá-la. Julgamentos, avaliações da vida, a favor ou contra, não podem, em última instância, jamais ser verdadeiros: o único valor que apresentam é o de serem sintomas e só como sintomas merecem ser levados em consideração: em si tais julgamentos não passam de idiotices. É necessário portanto estender a mão para se poder apreender essa *finesse* extraordinária de que o *valor da vida não pode ser apreciado*. Não pode ser apreciado por um vivo, porque é parte e até objeto de litígio, e não juiz; nem pode ser apreciado por um morto, por outras razões. Tratando-se dum filósofo, ver um problema no valor da vida constitui uma objeção contra ele mesmo, constitui uma falta de discernimento e faz com que se ponha em dúvida sua sabedoria. — Como? Todos esses grandes sábios não só teriam sido decadentes, mas, além disso, pode ser que nem fossem sequer sábios? De minha parte, volto ao problema de Sócrates.

3

Sócrates pertencia, por sua origem, ao populacho. Sabe-se, percebe-se que era feio. A feiura, objeção em si, era quase uma refutação entre os gregos. E, em suma, Sócrates era grego? A feiura é, muitas vezes, sinal duma evolução *entravada*, pelo cruzamento, ou então sinal duma evolução descendente. Os antropólogos que se dedicam à criminologia nos dizem que o tipo criminoso é feio; *monstrum in fronte, monstrum in animo*. E o criminoso é um decadente. Sócrates era um tipo de criminoso? Pelo menos não parece contradizê-lo aquele famoso juízo fisionômico que chocou todos os amigos de Sócrates. De passagem por Atenas, um estrangeiro fisionomista disse na cara de Sócrates que ele era um monstro que ocultava todos os vícios e maus desejos. Sócrates respondeu simplesmente: "Conheces-me, meu senhor."

4

As licenciosidades que confessa e a anarquia dos instintos não são os únicos indícios de decadência em Sócrates; também constitui um indício a superfetação do lógico e essa malícia raquítica que o distinguem. Não esqueçamos tampouco as alucinações auditivas que sob o nome de *demônio de Sócrates* receberam uma interpretação religiosa. Tudo era nele exagerado, bufão, caricaturesco, tudo, ademais, pleno de segundas intenções, de subterrâneos. Quisera eu adivinhar de que idiossincrasia pôde nascer a equação socrática: razão = virtude = felicidade, a mais extravagante das equações e contrária, em particular, a todos os instintos dos antigos helenos.

5

Com Sócrates o gosto grego se altera em favor da dialética; na realidade, o que se passou? Acima de tudo, trata-se dum gosto refinado que foi derrotado; com a dialética a ralé chega ao alto. Antes de Sócrates, as maneiras dialéticas eram repudiadas na boa sociedade: eram tidas como maneiras inconvenientes, eram comprometedoras. Os jovens eram advertidos em relação a elas e se desconfiava de todos que apresentavam suas razões por meio da dialética. As coisas honestas tanto quanto as pessoas honestas não tratam seus princípios com as mãos. Aliás, é indecente servir-se dos cinco dedos. O que precisa ser demonstrado para ser crido não vale grande coisa. Em todo lugar que a autoridade ainda é parte dos costumes aceitos, em todo lugar em que não se "raciocina", mas em que se comanda, o dialético é uma espécie de polichinelo: ri-se dele, não é levado a sério. — Sócrates foi o polichinelo que *foi levado a sério*: o que estava realmente acontecendo quando isso ocorreu?

6

Só se escolhe a dialética quando não se dispõe de outro meio. Sabe-se que com ela desperta-se a desconfiança, que ela persuade pouco. Nada é mais fácil de se apagar que o efeito dum dialético: a prática dessas reuniões em que se fala o demonstra. Somente como meio de defesa empregam a dialética os que não têm outra arma. É mister que se trate de *arrancar* seu direito; do contrário, não se apela para isso. Eis porque os judeus eram dialéticos. Antes de Sócrates, os dialéticos estavam proscritos da boa sociedade. A raposa da fábula o era. Como? Sócrates também o foi?

7

Era a ironia de Sócrates uma forma de rebelião ou de ressentimento popular? Saboreia a sua própria ferocidade de oprimido na punhalada do silogismo? Vinga-se dos grandes aos quais fascina? O dialético tem na mão um instrumento implacável; com ele pode-se interpretar o tirano; compromete o adversário ao obter o triunfo. O dialético coloca seu antagonista na condição de provar que não é idiota; enfurece e ao mesmo tempo impede todo socorro. O dialético degrada a inteligência de seu adversário. A dialética de Sócrates era tão somente uma forma de vingança?

8

Dei a entender como Sócrates pôde ser repulsivo às pessoas; resta explicar, com maior razão ainda, como pôde fasciná-las. O primeiro motivo é o seguinte: ele descobriu uma espécie nova de combate; foi o primeiro mestre de armas nas esferas de Atenas. Fascinava tocando no instinto de combate dos gregos. Ademais, Sócrates era um grande *erótico*.

9

Contudo, Sócrates adivinhou também outra coisa. Soube penetrar os sentimentos dos nobres atenienses. Compreendia que seu *caso*, que a idiossincrasia de seu caso, não era já excepcional. O mesmo tipo de degeneração ia se estendendo por toda parte secretamente. Os atenienses de velho feitio desapareciam... E Sócrates se convenceu de que todos tinham necessidade dele, de seu remédio, de sua cura, de seu método pessoal de conservação de si mesmo. Em todos os lugares os instintos haviam se declarado em anarquia, estava-se a dois passos do excesso em toda parte; o *monstrum in animo* constituía o perigo universal. "Os instintos querem se erigir tiranos; cumpre inventar um *contratirano* que o vença."

Quando o fisionomista descobriu o que Sócrates era, um antro de todos os maus desejos, o grande irônico proferiu uma frase que fornece a chave de sua maneira de ser. "É verdade", disse, "mas dominei todos." Como Sócrates se tornou senhor de si mesmo? Na realidade, era apenas um caso típico que saltava aos olhos em meio ao que começava a ser angústia geral: que ninguém era mais senhor de si mesmo, os instintos se revolviam uns contra os outros. Sua feiura atraía todos os olhares. Está claro que fascinava, mas o fazia como resposta, como solução, como aparência do tratamento que visava a cura indicado em tais casos.

10

Quando não há mais remédio senão elevar a razão à condição de tirana, como fez Sócrates, o perigo de que outra coisa nos tiranize não deve ser pequeno. Ante esse outro perigo a razão aparece como libertadora. Nem Sócrates nem seus *doentes* gozavam da liberdade de ser ou não racionais; isso lhes foi forçoso, era seu último remédio. O fanatismo com a reflexão grega na sua totalidade se arroja aos braços da razão, denuncia uma grande angústia; existia um perigo e restava somente esta alternativa: ou sucumbir ou ser absurdamente racional. O moralismo dos filósofos gregos desde Platão está determinado patologicamente, e o mesmo acontece com sua avaliação da dialética.

Razão = virtude = felicidade, isso quer dizer: é preciso imitar Sócrates e opor aos apetites sombrios uma *luz do dia permanente,* uma claridade que é a luz da razão. É preciso ser a todo custo prudente, preciso, claro; qualquer concessão aos instintos e ao inconsciente nos *rebaixa.*

11

Dei a entender de que modo Sócrates fascina; parece um médico, um salvador. Será preciso mostrar o erro que sua crença na "razão a todo custo" continha? Enganam a si mesmos os moralistas e os filósofos ao imaginarem que vão sair da decadência fazendo-lhe guerra. Escapar dela é impossível, e o remédio que escolhem, o que consideram meio de salvação, é apenas outra manifestação de decadência; tão somente mudam sua forma de expressão, mas não a suprimem. O caso de Sócrates representa um erro; *toda a moral de aperfeiçoamento, inclusive a moral cristã,* foi um erro. Buscar a luz mais viva, a razão a todo preço, a vida clara, fria, prudente, consciente, despojada de instintos e em conflito com eles, foi somente uma enfermidade, uma nova enfermidade, e de maneira alguma um retorno à virtude, à saúde, à felicidade. Ver-se obrigado a combater os instintos é a fórmula da decadência, enquanto que, na vida ascendente, felicidade e instinto são idênticos.

12

Teve essa compreensão o mesmo Sócrates, que era o mais cauto dos que enganaram a si mesmos? Disse finalmente isso a si mesmo na sabedoria de sua coragem diante da morte? Sócrates *queria* morrer; não foi Atenas mas ele mesmo que se deu a cicuta. "Sócrates não é o médico — a morte é o único médico —, Sócrates apenas esteve doente por muito tempo."

A "Razão" na Filosofia

1

Quereis que vos diga tudo que é peculiar aos filósofos?... Por exemplo, sua falta de sentido histórico, seu ódio à ideia do *devir*, seu *egipcismo*. Creem honrar uma coisa despojando-se de seu aspecto histórico, *sub specie aeterni*... quando fazem dela uma múmia. Tudo com que os filósofos se ocupam há milhares de anos são ideias — múmias; nada real saiu vivo de suas mãos. Esses senhores idólatras das ideias, quando adoram, matam e empalham: tudo é posto em perigo de morte quando eles adoram. A morte, a evolução, a idade, tanto quanto o nascimento e o crescimento, são para eles não só objeções, como até refutações. O que é não *se torna*, não *se faz*, e o que *se torna* ou *se faz* não é. Todos acreditam desesperadamente no ser. Entretanto, como não podem apoderar-se dele, buscam as razões segundo as quais ele lhes escapa: "É forçoso que haja aí uma aparência, um engano por efeito do qual não podemos perceber o ser — onde está o impostor?" Já o apanhamos — gritam alegremente —, são os sentidos! Os sentidos, que *por outro lado são tão imorais...* Os sentidos são quem nos enganam acerca do mundo verdadeiro.

Resultado: mister se faz desprender-se da ilusão dos sentidos, do *devir*, da história, da mentira. Consequência: negar tudo o que supõe fé nos sentidos, negar todo o resto da humanidade; isso pertence ao povo; é necessário ser filósofo, é necessário ser múmia, é necessário representar o monoteísmo com uma mímica de coveiro.

E, acima de tudo, que pereça o corpo, essa lamentável *ideia fixa* dos sentidos, o corpo contaminado por todos os defeitos que a lógica pode descobrir, refutado, até impossível se se quer, ainda que tão impertinente que se porta como se fosse real!...

2

Separo, com profundo respeito, o nome de Heráclito. Se os demais filósofos rejeitaram o testemunho dos sentidos, porque os sentidos são múltiplos e variáveis, Heráclito rejeitava tal testemunho porque este apresenta as coisas como dotadas de duração e unidade. Também Heráclito foi injusto com os sentidos, que não mentem nem à maneira que os eleatas achavam, nem como ele acreditava; em geral, não mentem. O que fazemos com seu testemunho é que introduz nele a mentira; por exemplo, a mentira da unidade, a mentira da realidade, da substância, da duração. A razão é a causa de falsearmos o testemunho dos sentidos. Estes não mentem quando nos mostram o vir a ser das coisas, o desaparecimento, a mudança. Mas, em sua afirmação segundo a qual o ser é uma ficção, Heráclito terá eternamente razão. O *mundo das aparências* é o único real, o mundo-verdade *foi acrescentado da mentira.*

3

E que sutis instrumentos de observações são os nossos sentidos para nós! Por exemplo, o nariz sobre o qual nenhum filósofo discorreu com a veneração e a gratidão devidas. O nariz é o instrumento mais delicado de que dispomos, capaz de registrar diferenças mínimas no movimento, o que nem sequer o espectroscópio marca. Atualmente só possuímos ciência enquanto aceitamos o testemunho dos nossos sentidos, enquanto armamos e aguçamos nossos sentidos ensinando-os a se dirigirem ao fim que nos propomos. O resto é somente um aborto que não é ciência, isto é, que é metafísica, teologia, psicologia, ou epistemologia, ou então é ciência da forma, teoria dos signos, como a lógica, ou a lógica aplicada, como as matemáticas. Aqui a realidade não aparece nem sequer como problema, como tampouco se coloca a questão do valor que possui em geral um sistema convencional de signos, como a lógica.

4

A outra coisa peculiar aos filósofos não é menos perigosa: consiste em confundir as coisas últimas com as primeiras. Põem no princípio o que vem no final, desafortunadamente, pois não deveria vir nunca; os conceitos mais elevados, isto é, os conceitos mais gerais e mais vazios, a última embriaguez da realidade que se evapora, isto é o que colocam no princípio e o que convertem em princípio. Vemos aí novamente a expressão de sua maneira de venerar; o mais elevado não pode proceder do mais baixo, nem *pode vir* pelo geral. A conclusão a que se chega é a de que tudo que é de primeira ordem deve ser *causa sui*. Qualquer outra origem é considerada uma objeção, algo que faz duvidar do valor da coisa. Todos os valores superiores são de primeira ordem, todos os conceitos superiores, o ser, o absoluto, o bem, a verdade, a perfeição, tudo isso não pode vir a ser, é necessário que seja *causa sui*. Tampouco isso pode ser desigual entre si nem achar-se em contradição. Assim é a forma como chegam ao seu conceito de Deus. A coisa última, a mais tênue, a mais vazia, ocupa o primeiro lugar como causa em si, como *ens realissimum*. Que tenha tido a humanidade que tomar a sério as dores de cabeça desses enfermos urdidores de teias de aranha! E que tenha pagado tão caro!

5

Expliquemos agora de que maneira tão diferente nós (digo *nós* por cortesia) concebemos o problema do erro e da aparência. Outrora a mudança, a variação, em geral o *vir a ser* eram considerados provas da aparência, sinais de que devia haver aí algo que nos extraviara. Hoje, ao contrário, vemos com exatidão até que ponto a preocupação da razão nos obriga a fixar a unidade, a identidade, a duração, a substância, a causa, a realidade, o ser, de sorte que nos enreda no erro e torna o erro *necessário*, ainda que mediante uma comprovação rigorosa adquiramos a certeza de que ali existe o erro. Sucede como no movimento dos astros, só que neste caso nossos olhos são o advogado perpétuo do erro, e naquele quem advoga em favor do erro é nossa linguagem.

Por sua origem, a linguagem pertence à época das formas mais rudimentares da psicologia; penetramos no campo do grosseiro fetichismo quando tomamos consciência das condições primeiras da metafísica da linguagem, isto é, da *razão*. Vemos então em toda parte ações e coisas ativas, cremos na vontade como causa geral, cremos no eu, no eu como ser, no eu como substância, e projetamos a substância do eu e a crença nele sobre todas as coisas... só assim criamos o conceito de *coisa*. O ser imaginado em toda parte como causa, posto no lugar da causa; e do conceito do *eu* emana simplesmente como uma derivação a noção do ser. Originariamente existia aquele grande e funesto erro que consiste em considerar a vontade uma coisa que opera. Queria-se que a vontade fosse uma faculdade. Hoje sabemos que isso não é senão uma palavra oca. Muito depois, num mundo mil vezes mais iluminado, a *segurança*, a *certeza* subjetiva na manipulação das categorias da razão, irrompeu na consciência dos filósofos, surpreendendo-os. Deduzirão eles que essas categorias não podiam ter uma origem empírica, posto que todo o empirismo está em contradição com elas. *De onde se originavam então?* Na Índia, como na Grécia, se incorreu no mesmo erro: "É necessário que tenhamos habitado anteriormente um mundo superior (em lugar de dizer um mundo muito inferior, como é a verdade). É forçoso que tenhamos sido divinos, já que detemos a razão." E, com efeito, não se soube até agora de nada que tivesse uma força de persuasão tão direta como o erro do ser, como foi formulado pelos eleatas, por exemplo, pois lhes são favoráveis nossas palavras. Até os próprios adversários dos eleatas se renderão à sedução do conceito do ser que aqueles sustentavam. A *razão* na linguagem, que velha embusteira! Temo que jamais nos livremos de Deus, posto que cremos ainda na gramática.

6

Suponho que me agradecerão os leitores se condensar em quatro teses uma ideia tão importante e nova como a que estou tratando; assim facilito a compreensão e também provoco a contradição.

Primeira proposição. — As razões pelas quais se chamou *este* mundo de um mundo de aparências provam, pelo contrário, sua realidade. Uma outra realidade é absolutamente indemonstrável.

Segunda proposição. — Os distintos signos que foram atribuídos à verdadeira *essência das coisas* são os signos característicos do não ser, do nada; por virtude dessa contradição constituiu-se o *mundo--verdade* como mundo real e verdadeiro, quando é o mundo das aparências enquanto ilusão de óptica moral.

Terceira proposição. — Falar de *outro* mundo distinto deste carece de sentido, supondo que não nos domine um instinto de calúnia, amesquinhamento e de suspeita contra a vida. Nesse último caso nos vingamos da vida com a fantasmagoria de uma vida distinta, de uma vida melhor.

Quarta proposição. — Dividir o mundo em um mundo real e um mundo de aparências, seja à maneira do cristianismo, seja à maneira de Kant (um cristão pérfido, afinal de contas), é somente uma sugestão da decadência, um sintoma da vida descendente. O fato de o artista ter em maior apreço a aparência do que a realidade não se coloca contra essa proposição, pois em tal caso a aparência significa a realidade reproduzida uma vez mais, em forma de seleção, de acréscimo, de correção. O artista trágico não é um pessimista, ele diz *sim* a tudo que é problemático e terrível, é *dionisíaco*.

Como o "mundo-verdade" Tornou-se Enfim Uma Fábula
(História de um erro)

1

O *mundo-verdade* acessível ao sábio, ao religioso, ao virtuoso vive nele, ele *mesmo* é esse mundo.

(Esta é a forma mais antiga da ideia, relativamente racional, simples, convincente. Perífrase da proposição: "Eu, Platão, sou a verdade.")

2

O mundo-verdade é inacessível no momento, porém, prometido ao sábio, ao religioso, ao virtuoso e ao pecador, que faz penitência.

(Progresso da ideia; torna-se mais sutil, mais insidiosa, mais incompreensível, *torna-se mulher*, faz-se cristã...)

3

O mundo-verdade inacessível, indemonstrável, que não se pode prometer, porém, mesmo supondo-se que seja imaginário, é um consolo e um imperativo.

(O sol mais antigo ilumina no fundo, mas, obscurecido pela névoa e pela dúvida, a ideia se tornou pálida, setentrional, *koenigsber guiana*.)

4

O mundo-verdade... inacessível? Pelo menos não alcançado em caso algum. Logo, *desconhecido*. Por isso nem consola, nem salva, nem obriga a nada; como pode obrigar a algo uma coisa desconhecida?

(Aurora cinzenta, primeiro vagido da razão, canto do galo do positivismo.)

5

O mundo-verdade; uma ideia que não serve mais para nada, não obriga a nada; uma ideia que se tornou inútil e supérflua; por conseguinte, uma ideia *refutada*: suprimamo-la!

(Dia claro, desjejum, retorno do senso comum e da alegria. Platão se cobre de vergonha e todos os espíritos livres fazem um tumulto dos diabos.)

6

O mundo-verdade acabou abolido, que mundo nos ficou? O mundo das aparências? Mas não; *com o mundo-verdade abolimos o mundo das aparências!*

(Meio-dia, momento da sombra mais breve, termo do erro mais demorado, ponto culminante da humanidade: INCIPIT ZARATUSTRA.)

A Moral Como Manifestação Contra a Natureza

1

Todas as paixões têm uma época em que são funestas, em que envilecem suas vítimas com o peso da brutalidade, e uma época posterior, muito mais tardia, em que se casam com a inteligência e se espiritualizam. Outrora, a brutalidade da paixão era causa para que se fizesse guerra contra a própria paixão, para que se conjurassem os homens para aniquilá-la. Todos os antigos juízos morais estão de acordo neste ponto: *é preciso destruir as paixões*. A forma mais célebre dessa ideia encontra-se no Novo Testamento, no Sermão da Montanha, onde, diga-se de passagem, não se tomam todas as coisas a partir de uma certa altura. Ali se diz, por exemplo, referindo-se à sexualidade: "Se teu olho direito é para ti uma ocasião de pecar, arranca-o."

Felizmente, nenhum cristão cumpriu ao pé da letra esse preceito. Destruir as paixões e os desejos unicamente por sua brutalidade e para evitar as consequências nocivas que esta produz nos parece hoje uma forma particular de estupidez. Não nos admiramos dos dentistas que arrancam os dentes prevendo que possam doer. Cumpre confessar, por outro lado, que, no terreno em que se desenvolveu o cristianismo primitivo, a ideia da *espiritualização* das paixões não podia ser bem compreendida. A Igreja primitiva lutava, como é sabido, contra os *intelectuais* em benefício dos pobres de espírito; como esperar dela uma guerra inteligente contra as paixões? A Igreja combate as paixões através do método da extirpação radical; seu sistema, seu tratamento, é a *castração*. Não se pergunta jamais: Como se espiritualiza, embeleza e diviniza um desejo? Em todas as épocas o peso da disciplina foi posto a serviço do extermínio (da sensualidade, do orgulho, do desejo de dominar, de possuir e de vingar-se). Mas atacar a paixão na sua raiz é atacar a raiz da vida; o processo da Igreja é nocivo à vida.

2

Esse mesmo remédio, a castração, a extirpação, costuma ser empregado instintivamente no combate aos desejos por aqueles que são demasiado débeis de vontade, demasiado degenerados para poderem pôr um limite nos desejos, por essas naturezas que têm necessidade de *La Trappe*, falando metaforicamente (e mesmo sem metáfora); que necessitam de uma declaração de guerra definitiva, um abismo entre eles e a paixão. As condições radicais indispensáveis só se dão nos degenerados. A fraqueza da vontade, ou, mais claramente, a incapacidade para reagir contra uma sedução, é tão somente uma outra forma de degeneração. A hostilidade radical, o ódio voltado à morte da sensualidade, é um sintoma grave que dá margem para se fazer suposições sobre o estado geral de um ser que atinge esse excesso. Essa inimizade, esse ódio, culmina quando semelhantes naturezas não possuem firmeza suficiente nem para as curas radicais nem para renunciar ao *demônio*. Recorra-se a toda a história dos sacerdotes e dos filósofos, incluindo a dos artistas; não são os impotentes, não são os ascetas os que lançam suas setas envenenadas contra os sentidos: são os ascetas impossíveis, os que necessitam ser ascetas.

3

A espiritualização da sensualidade se chama amor: é uma grande vitória sobre o cristianismo. A *inimizade* é outro triunfo de nossa espiritualização. Consiste em compreender profundamente o que se ganha tendo inimigos; em suma, em agir e discutir de modo contrário ao que se agia e discutia antes. A Igreja sempre quis o aniquilamento de seus inimigos; nós, imoralistas e anticristãos, cremos que nos é vantajoso que a Igreja subsista. Também nos negócios políticos a inimizade se tornou mais intelectual, mais prudente, mais moderna. Cada partido compreende que interessa à sua própria conservação não permitir que se esgote o partido contrário; o mesmo se sucede com a alta política. Uma nova criação, como o império alemão, por exemplo, tem mais necessidade de inimigos do que de amigos, pois em virtude do contraste começa a se sentir necessário, fazer-se necessário. Não é de maneira diversa que nos conduzimos com o *inimigo interior*, onde quer que seja que tenhamos espiritualizado a inimizade compreendemos seu valor por esse mesmo fato. Convém ser rico em oposições, pois só assim se é fecundo; para conservar-se jovem é preciso que a alma não descanse, que a alma não solicite a paz. Não há nada que tenha chegado a ser tão estranho a nós que o que era outrora objeto dos desejos, a paz da alma que os cristãos desejavam. Hoje não desejamos o gado moral nem a ventura gorda da consciência tranquila. Quando se renuncia à guerra se renuncia à grande vida. É verdade que em muitos casos a paz da alma não é senão um equívoco, e significa apenas algo que não pode expressar-se honestamente. Sem preocupações ou preconceitos vou citar alguns casos. A paz da alma pode ser, por exemplo, o cintilante reflexo de uma animalidade exuberante no domínio da moral (ou religioso). Ou então o princípio da fadiga, a primeira sombra que a noite lança, que lança toda espécie de noite. Ou então um signo de que o ar é úmido, que o vento do sul vai soprar. Ou o reconhecimento involuntário por uma boa digestão (denomina-se também amor à humanidade). Ou o repouso do convalescente que começa a tomar gosto outra vez pelas coisas... ou o estado de ânimo que se segue a uma intensa satisfação de nossa paixão dominante, o bem-estar de uma sociedade rara, ou a caducidade de nossa vontade, de nossos desejos, de nossos vícios, ou quiçá a preguiça que por instigação da vaidade se veste de moralidade, ou o advento de alguma certeza, ainda que seja uma certeza terrível, ou a expressão da madureza e o domínio em meio à atividade, ao trabalho, à produção, ao querer, a respiração tranquila quando se atingiu a liberdade da vontade. *Crepúsculo dos ídolos*, quem sabe? Talvez isso também seja uma espécie de paz da alma...

4

Tenho um princípio como fórmula. Todo naturalismo na moral, isto é, toda sã moral, está dominada pelo instinto da vida; um mandamento qualquer da vida se cumpre mediante um cânone determinado por preceitos e por proibições; desse modo se faz desaparecer da esfera da vida um obstáculo a uma hostilidade qualquer.

A moral antinatural, isto é, toda moral ensinada, venerada e predicada até agora, se dirige, ao contrário, contra os instintos vitais e é uma condenação já secreta, já ruidosa e descarada desses instintos. Quando se diz "Deus vê dentro dos corações" diz-se *não* às aspirações internas e superiores da vida e se considera Deus inimigo da vida. O santo que agrada a Deus é o castrado ideal. A vida finda ali onde inicia o *reino de Deus*.

5

Aquele que compreende quão sacrílega é essa sublevação contra a vida, que chegou a ser quase sacrossanta na moral cristã, compreenderá concomitantemente outra coisa: o inútil fictício, absurdo e mentiroso que é semelhante sublevação. A condenação da vida que parte de um vivo não é senão, em última instância, o sintoma de uma espécie de vida determinada sem que se pergunte se tem ou não razão. Necessitar-se-ia tomar posições fora da vida e ao mesmo tempo conhecê-la tanto quanto todos que tenham passado por ela, tão bem como muitos ou, se se quer, como todos os que dela participaram para tão somente tocar o problema da vida; bastam tais razões para se compreender que semelhante problema não está ao nosso alcance. Ao falar do valor da vida falamos sob a inspiração e através da óptica da vida. A própria vida nos obriga a determinar valores, a própria vida evolui por meio de nossa mediação quando determinamos esses valores. Infere-se daí que toda *moral contra a Natureza*, que considera Deus como ideia contrária, como a condenação da vida, é apenas, na realidade, uma apreciação da vida. De que vida? De que espécie de vida? Já apresentei a contestação: da vida descendente, debilitada, fatigada, condenada. A moral, tal como foi entendida até agora, tal como foi formulada em último lugar por Schopenhauer, como negação da vontade de viver, essa moral é o mesmo instinto de decadência que se transforma em imperativo; nos diz: *caminha para tua perdição*; é a sentença dos que estão sentenciados.

6

Consideremos, por último, quanta candura há em dizer: *o homem deveria ser desta maneira*. A realidade nos mostra uma maravilhosa riqueza de tipos, uma verdadeira exuberância na variedade e na profusão das formas. Todavia, surge qualquer moralista de praça e afirma: "Não, o homem deveria ser de outra maneira." Sabe sequer como deveria ser ele mesmo, esse santarrão que faz seu retrato na parede e diz: *Ecce homo*? Até quando um moralista se dirige só a um indivíduo para dizer-lhe "Deve ser assim!" põe-se no ridículo. De qualquer modo que o consideremos, o indivíduo faz parte da fatalidade, constitui uma lei a mais, uma necessidade a mais para tudo o que está por vir. Dizer-lhe "Muda tua natureza" é desejar a transformação do todo, ainda que seja uma transformação no passado. E efetivamente houve moralistas consequentes que queriam que os homens fossem distintos, isto é, virtuosos. Queriam homens à sua imagem; para isso *negaram* o mundo. Basta de delírios! Basta de formas modestas da imodéstia! A moral, por pouco que condene, é em si mesma, e não em relação à vida, um erro específico pelo qual não se deve ter compaixão, uma idiossincrasia de degenerados que causou muito dano. Em contrapartida, nós, os imoralistas, abrimos de par a par nossos corações a toda classe de compreensão, de inteligibilidade e de aprovação. Não negamos facilmente, nos honramos de sermos *afirmativos*. Nossos olhos estão bem descerrados para essa economia que necessita e sabe aproveitar-se de tudo que a santa sem-razão despreza, a razão enferma do sacerdote, para essa economia da lei vital que aproveita até as mais repugnantes demonstrações de beatos, curas e corifeus da virtude. Que vantagens obtém? Nós mesmos, nós, os imoralistas, somos uma resposta vivente.

Os Quatro Grandes Erros

1

O Erro da Confusão entre a Causa e o Efeito

Não há erro mais perigoso que o de confundir o efeito com a causa. Considero essa a verdadeira perversão da razão. E, sem embargo, esse erro figura entre os antigos e modernos hábitos da humanidade; foi santificado por nós e se enfeita com os nomes de *religião* e de *moral*. Toda proposição formulada pela religião ou pela moral encerra esse erro; sacerdotes e legisladores da moral são os promotores dessa perversão da razão. Citarei um exemplo. Todos conhecem o livro do célebre Cornaro, no qual o autor recomenda a dieta rigorosa que ele observava para conseguir uma vida longa e feliz ao mesmo tempo que virtuosa. Pouquíssimos livros foram tão lidos; todavia, continua-se imprimindo na Inglaterra muitos milhares de exemplares. Estou convencido de que nenhum outro livro (com exceção da Bíblia, que fique bem entendido) produziu tanto dano nem abreviou tantas existências como essa singular obra, escrita com boa intenção, sem dúvida. O motivo disso é uma confusão entre o efeito e a causa. Aquele bom italiano acreditava que sua dieta era a causa de sua longevidade, quando o que acontecia era que a condição primeira para viver muito, a lentidão extraordinária na assimilação e desassimilação e o escasso consumo de substâncias nutritivas eram, na realidade, a causa de sua dieta. A frugalidade não dependia de seu livre-arbítrio;

não podia comer muito ou comer pouco, segundo quisesse; quando comia um pouco mais do que o devido, adoecia. Àquele que não é uma carpa não só faz bem comer o suficiente, como constitui uma necessidade absoluta. Se um sábio de nossos dias, com seu rápido consumo de força nervosa, fosse submetido ao regime de Cornaro, perderia a saúde completamente. *Credo experto.*

2

A fórmula geral que serve de base a toda religião e a toda moral pode ser expressa assim: "Faça isto e mais isto, não faça aquilo e mais aquilo — e então serás feliz, do contrário..." Toda moral e toda religião são somente esse imperativo, que chamo de o grande pecado hereditário da razão, a *imortal razão*. Em meu pensamento essa fórmula se transforma na contrária — primeiro exemplo de minha *Transmutação de todos os valores*: um homem bem constituído, um *homem ditoso* realizará *necessariamente* certos atos e temerá instintivamente cometer outros, pois assim exige o sentimento da ordem que ele representa fisiologicamente em suas relações com os homens e as coisas. Reduzindo isso a uma fórmula: sua virtude é a consequência de sua felicidade. Uma vida longa, uma prole numerosa não são a recompensa da virtude; pelo contrário — a própria virtude é essa lentidão na assimilação e desassimilação que produz entre outras consequências a longevidade e a prole numerosa, numa palavra, o que se chama de *cornarismo*.

A Igreja e a moral afirmam: "O vício e o luxo são a causa do perecimento de povos e raças"; contudo, o que minha razão afirma é o seguinte: "Quando um povo perece é porque teve que degenerar fisiologicamente"; consequência disso são os vícios e o luxo (isto é, essa necessidade de estimulantes cada vez mais fortes e mais frequentes que todos os temperamentos esgotados sentem). Um jovem empalidece e envelhece prematuramente; seus amigos dizem: esta ou aquela doença é a consequência de uma vida precária, de um esgotamento hereditário. Os leitores de jornais dizem: esse partido foi destruído devido a essa ou aquela falta que cometeu. Minha política superior contesta: um partido que comete essa ou aquela falta agoniza, não possui a segurança do instinto. De uma forma ou de outra toda falta é consequência da degeneração do instinto, de uma desagregação da vontade; chega-se por esse caminho quase a definir o *mal*. Todo o bem procede do instinto e é por conseguinte leve, necessário, espontâneo. O esforço é uma objeção; o deus se diferencia do herói por seu tipo (em minha linguagem, os pés leves são o primeiro atributo da divindade).

3

O Erro da Causalidade Falsa

Em todas as épocas acreditou-se saber o que é uma causa, porém, de onde tiramos nosso saber, ou melhor, a fé no nosso saber? Do domínio desses famosos *dados interiores*, dos quais nem sequer um resultou eficaz até agora. Cremos intervir nós mesmos como causa nos atos da vontade e pensamos que ali, ao menos, vamos surpreender a causalidade em flagrante. Da mesma maneira concebemos que é necessário buscar na consciência todos os antecedentes de um ato e que, os buscando, os acharemos como *motivos*, pois se não fosse assim não seríamos livres nem responsáveis por aquele ato. Por último, quem punha antes em dúvida o fato de que no pensamento existe uma relação causal, que sou *eu* a causa de meus pensamentos? Desses três *dados interiores* com que a causalidade parecia afiançada, o primeiro e mais concludente é a *vontade considerada causa*; a noção de uma consciência (espírito) como causa e depois a do eu (sujeito) como causa, são posteriores; apareceram quando, mediante a vontade, já estava estabelecida como um dado, como *empirismo*, a causalidade. Entretanto, depois mudamos o pensar e agora não cremos em uma só palavra de tudo aquilo. O *mundo interior* está repleto de fantasmas e de reflexos enganosos; a vontade é um desses fantasmas. A vontade já não põe em movimento nada, nem portanto explica nada. Apenas acompanha os acontecimentos e pode também faltar. O que chamamos um *motivo* é outro erro. O *motivo* é somente um fenômeno superficial da consciência, uma coisa que está ao lado do ato e que mais oculta os antecedentes deste que os representa. E que diremos do eu! O eu chegou a ser uma lenda, uma ficção, um jogo de palavras: este já deixou de pensar, sentir e querer. Que se deduz daí? Que não há tais causas intelectuais. Todo o suposto empirismo, baseado nelas, o levou ao diabo.

E é preciso confessar que havíamos abusado bastante desse empirismo? Partindo dele *criamos* o mundo como mundo das coisas, como mundo da vontade, como mundo dos espíritos. A antiga psicologia, a que durou mais tempo, consagrou-se a esse labor e não fez outra coisa; todo acontecimento era para ela um ato, todo ato, a consequência de uma vontade. O mundo passou a ser para ela uma multiplicidade de princípios ativos, em cada acontecimento jazia um princípio ativo (um sujeito). O homem projetou em torno de si seus três dados interiores, nos quais cria firmemente: a vontade, o espírito e o eu. Primeiro deduzo a noção do ser da noção do eu, representando-se as coisas como existentes à sua imagem e semelhança, de acordo com sua noção do eu enquanto causa. Que tem de estranho que depois tenha encontrado nas coisas apenas aquilo que eu mesmo tinha colocado nelas? A própria coisa, repitamo-lo, a noção de coisa é apenas um reflexo da crença no *eu* como causa. E, entretanto, quanta psicologia rudimentar existe no próprio átomo de vocês, senhores mecânicos e físicos? Não quero falar da coisa em *si* do *horrendum prudentum* dos metafísicos. O erro do espírito como causa confundido com a realidade, considerado medida da realidade e denominado *Deus*!

4

O Erro das Causas Imaginárias

Tomemos como ponto de partida o sonho: uma sensação determinada, por exemplo, a que produz o tiro de um canhão, produz a evocação imediata de uma causa (que muitas vezes chega a formar uma novela cujo protagonista é, naturalmente, a pessoa que sonha). A sensação se prolonga durante esse tempo como num eco e aguarda num certo sentido até que o instinto da causalidade lhe permite colocar-se na primeira fila, não já como um acaso, mas sim como a razão de um fato. A detonação do canhão se apresenta então em forma causal, numa aparente inversão do tempo. O que vem depois, a motivação, parece ter chegado primeiro, adornando-se frequentemente com cem detalhes que se sucedem com a rapidez do relâmpago; a detonação *segue*. Que sucedeu? As representações que um estado particular dos fatos produz têm sido mal interpretadas, como se fossem a causa desse estado.

Na realidade, fazemos o mesmo despertos. A maioria de nossos sentimentos vagos e gerais — toda espécie de obstáculo, de opressão, de tensão, de explosão no funcionamento dos órgãos e em particular o estado do nervo simpático — provocam nosso instinto de causalidade. Queremos que haja uma razão para que nos encontremos nesse ou naquele estado, para que nos sintamos bem ou mal. Não nos basta experimentar simplesmente o fato de sentirmos dessa ou daquela maneira; não aceitamos esse fato, não adquirimos consciência dele até que lhe outorguemos alguma motivação.

A memória, em casos semelhantes, entra em funcionamento sem que tenhamos consciência disso, reproduz os estados anteriores de mesma ordem e as interpretações causais anexas a eles, não sua causalidade verdadeira. Verdade é que, por outro lado, a memória reproduz também a crença de que as representações, os fenômenos de consciência que acompanham o fato foram suas causas. Assim se obtém o hábito de uma determinada interpretação das coisas que na realidade estorva e até impede sua investigação.

5

Explicação psicológica desse fato

Reduzir uma coisa desconhecida a outra conhecida alivia, tranquiliza e satisfaz o espírito, dando-nos, ademais, um sentimento de poder. O desconhecido leva consigo o perigo, a inquietude, o cuidado — o primeiro instinto tende a *suprimir* essa situação penosa. Primeiro princípio: uma explicação qualquer é preferível à falta de explicação. Como, na realidade, trata-se apenas de se livrar de representações angustiantes, não se olha bem de perto os meios que conduzem à consecução. A primeira representação em virtude da qual o desconhecido se declara conhecido faz tão bem que a temos por *verdadeira*. Prova do *prazer* (da força) como critério da verdade. O instinto de causa depende, pois, do sentimento do medo, ao que deve sua origem. O *porquê* não solicita a indicação de uma causa por amor a ela, mas sim busca certa espécie de causa, uma causa que tranquilize, que livre do perigo, que alivie. A primeira consequência dessa necessidade é que toma como causa algo já conhecido e vivido, algo que está inscrito na memória. O novo, o imprevisto, o estranho está excluído das causas possíveis. Não se busca somente descobrir uma explicação da causa, mas sim se elege e se prefere uma classe particular de explicações, aquela que dissipa mais rapidamente e em maior número de casos a impressão do estranho, do novo, do imprevisto, isto é, são preferidas as explicações mais comuns. Que se deduz disso? Que uma avaliação de causas é o que domina, se condensa num sistema e acaba por predominar até o ponto de desterrar as outras causas e as outras explicações. O banqueiro pensa imediatamente no negócio, o cristão, no pecado, a cortesã, no amor.

6

Todo o domínio da moral e da religião deve ser explicado através dessa ideia das causas imaginárias

Explicação dos sentimentos gerais *desagradáveis*. Esses sentimentos dependem de seres que são inimigos nossos (espíritos maus, esse é o caso mais célebre; as histéricas, a que se toma por bruxas). Dependem de atos que não devem ser aprovados (o sentimento do pecado, o estado de pecado substitui o mal-estar fisiológico pois sempre acha razões para estar descontente de si mesmo). Dependem da ideia de castigo, da redenção de algo que não devemos fazer ou não devemos ser (ideia generalizada por Schopenhauer numa proposição que afirma que a moral se nos afigura como é, como uma verdadeira envenenadora da vida): "Toda grande dor, seja física ou moral, indica o que merecemos, pois não teria podido se apoderar de nós se não a merecêssemos." *O mundo como vontade e representação*. Dependem, finalmente, de atos irreflexivos, os quais têm consequências danosas (as paixões, os sentidos, considerados como causas, as calamidades fisiológicas convertidas em castigos merecidos, com a ajuda de outras calamidades).

Explicação dos sentimentos gerais *agradáveis*. Dependem da confiança em Deus. Dependem dos sentimentos produzidos pelas boas ações (o que se chama tranquilidade de consciência, um estado fisiológico que se parece tanto com o que produz uma boa digestão, que às vezes se confundem). Dependem do desenlace feliz de determinadas empresas (conclusão tão falsa quanto cândida pois o fim feliz de uma empresa não proporciona de modo algum sentimentos gerais agradáveis a um hipocondríaco ou a um Pascal). Dependem da fé, da esperança e da caridade, virtudes cristãs. Na realidade, todas essas explicações imaginárias são as consequências dos estados de prazer ou de desprazer traduzidos numa linguagem errônea. Se tem esperança, é porque o sentimento fisiológico dominante é outra vez vigoroso e expansivo; se tem confiança em Deus, é porque o sentimento da plenitude e da força nos proporciona repouso. A moral e a religião pertencem inteiramente à *psicologia do erro*; em cada caso particular confundem a causa com o efeito, ou a verdade com o efeito do que se *considera* como verdade, ou uma condição da consciência com a causalidade dessa condição.

7

O Erro do Livre-arbítrio

Não somos indulgentes com a ideia do livre-arbítrio: sabemos de sobejo do que se trata; a habilidade teológica de pior reputação que já houve para tornar a humanidade *responsável* à maneira dos teólogos, o que equivale a colocar a humanidade sob a dependência dos teólogos. Vou me limitar a explicar a psicologia dessa tendência a exigir responsabilidades. Onde quer que exijam responsabilidades, o instinto de julgar e de castigar anda, geralmente, mesclado na tarefa. Retira-se a inocência do *devir* quando lhe atribui um estado de fato, qualquer que seja, à vontade, à intenção, aos atos de responsabilidade. A doutrina da vontade foi inventada, principalmente, colimando castigar, isto é, com a intenção de achar um culpado. Toda a antiga psicologia, psicologia da vontade, deve sua existência ao fato de que seus inventores, os sacerdotes, chefes das comunidades primitivas, quiseram atribuir-se o direito de castigar ou quiseram conceder tal direito a Deus. Os homens foram considerados livres para se poder julgá-los e castigá-los, para se poder declará-los culpados. Consequentemente, toda ação tinha que reputar-se voluntária, e devia supor-se na consciência a origem de todo ato (pelo que a falsificação das moedas *in psychologicis*, por princípio, se erigia da própria psicologia). Hoje, que entramos na corrente contrária e nós, os imoralistas, trabalhamos com todas as nossas forças para conseguir que desapareça mais uma vez do mundo a ideia da culpabilidade e do castigo, tanto quanto para eliminar dela a psicologia, a história, a Natureza, as instituições e as sanções sociais, não há, a nossos olhos, oposição mais radical que a dos teólogos, que por meio da ideia do mundo moral prosseguem contaminando a inocência do *devir* com o pecado e o castigo. O cristianismo é uma metafísica de verdugos.

8

O que pode nossa doutrina admitir neste ponto?

Que nada dá ao homem suas qualidades, nem Deus, nem a sociedade, nem seus pais e antepassados, nem *ele mesmo* (o contrassenso dessa última ideia foi ensinado sob o nome de *liberdade inteligível* por Kant e talvez já por Platão). Nada é responsável pelo fato de o homem existir; seja dessa ou da outra maneira, ele encontra-se em tais condições em tal meio. A fatalidade de seu ser não pode separar-se da fatalidade de tudo o que foi e será. O homem não é a consequência de uma intenção própria de uma vontade, de um fim; com ele não se fazem ensaios para obter-se um *ideal de humanidade*; um *ideal de felicidade* ou um *ideal de moralidade*; é absurdo *desviar* seu ser para um fim qualquer. Nós inventamos a ideia do fim; na realidade, não existe o *fim*... Somos necessários, somos um fragmento do destino, formamos parte do todo, estamos no todo; não há nada que possa julgar, medir, comparar e condenar nossa existência, pois isso equivaleria a julgar, medir, comparar e condenar o todo. *E não há nada fora do todo!* Nada pode ser responsabilizado: as categorias do ser não podem ser referidas a uma causa primeira, o mundo não é uma unidade, nem como mundo sensível, nem como inteligência; *apenas esta é a grande redenção,* desse modo a inocência do *devir* fica restaurada. A ideia de Deus foi até agora a maior das objeções contra a existência. Nós negamos Deus, negamos a responsabilidade em Deus, e ao fazê-lo salvamos o mundo.

Aqueles que Querem Tornar a Humanidade "Melhor"

1

O que exijo do filósofo é que se coloque além do bem e do mal, que ponha sob si a ilusão do juízo moral. Essa exigência é o resultado de um exame feito pela primeira vez por mim e no qual chegou-se à conclusão de que *não há fatos morais*. O juízo moral tem em comum com o juízo religioso o crer em realidades que não existem. A moral é tão somente uma interpretação de certos fenômenos, porém uma falsa interpretação. O juízo moral pertence, como o juízo religioso, a um grau de ignorância em que a noção da realidade, a distinção entre o real e o imaginário não existem, de modo que em tal grau a palavra *verdade* serve para expressar coisas que hoje chamamos *imaginação*. Por isso não se deve nunca tomar ao pé da letra o juízo moral, pois ele entendido assim seria um contrassenso. Entretanto, como *semiótica* possui um valor inapreciável, pois revela ao que sabe entender, ao menos, realidades preciosas acerca das civilizações e dos gênios que não souberam bastante para compreenderem a si mesmos. A moral é apenas uma linguagem de signos, uma sintomatologia, é preciso saber de antemão do que se trata para se poder tirar partido dela.

2

Apresentarei um exemplo. Em todos os tempos quis-se *melhorar* o homem; a rigor, isso é o que chamamos de moral. Entretanto, sob a palavra moral se ocultam tendências muito diferentes. A domesticação do animal humano e a *criação* de uma espécie determinada de homens, são um melhoramento e essas noções zoológicas as únicas que expressam realidades, porém realidades que o *melhorador* típico, o sacerdote, ignora e não quer saber nada a respeito. Chamar melhoramento à domesticação dum animal soa aos nossos ouvidos quase como uma brincadeira. Quem sabe o que sucede em zoologia? Contudo, duvido muito que o animal acabe melhorando. É debilitado, é feito menos perigoso; com o sentimento deprimente do medo, com a dor e as feridas faz-se dele um animal enfermo. O mesmo sucede ao homem domesticado, a quem o sacerdote tornou melhor. Nos primeiros tempos da Idade Média, quando a Igreja era acima de tudo uma casa de feras, combinavam-se com frequência os belos exemplos do *animal louro, melhorava-se,* por exemplo, os nobres germanos. E a que ficava reduzido depois disso um daqueles germanos a quem se teria feito melhor introduzindo-se num convento? A uma caricatura de homem, a um aborto; dele era feito um pecador, estava enjaulado, fora encerrado no meio de ideias espantosas. Doente e miserável, aborrecia a si mesmo, estava repleto de ódio contra os instintos da vida, repleto de desconfiança em relação a tudo que permanecia sendo forte e feliz. Em uma palavra: era cristão. Em termos fisiológicos, na luta contra o animal, torná-lo doente é talvez o único meio de enfraquecê-lo. A Igreja compreendeu isso perfeitamente: corrompeu o homem, tornou débil e reivindica o mérito de tê-lo tornado melhor.

3

Fixemo-nos em outro caso do que se chama moral: o caso da *criação* de uma determinada espécie. O mais grandioso exemplo nos é dado pela moral hindu, a lei de Manu, sancionada por uma religião. Ali se coloca o problema de criar nada menos do que quatro raças simultaneamente: uma raça sacerdotal, uma raça guerreira, uma raça de mercadores e lavradores e por último uma raça de servidores, os sudras. É evidente que aqui não estamos entre domadores de animais; a condição primordial para se chegar a conceber o plano de semelhante criação de raças é uma espécie de homem cem vezes mais suave e mais racional do que a dos domadores. Respira-se com mais liberdade quando se passa da atmosfera cristã, atmosfera de hospital e de cárcere, a esse mundo mais são, mais elevado, mais amplo. Como o Novo Testamento se apresenta pobre e cheira mal ao lado da lei de Manu! Entretanto, também essa organização necessitava ser temível, não na luta contra o animal, mas sim na luta contra a ideia contrária do animal, contra o homem que não se deixa criar, contra o homem de mistura incoerente, contra a *chandala*. E para desarmá-lo e debilitá-lo teve que torná-lo doente; era uma luta contra a maioria. Quiçá não haja nada tão contrário a nossos sentimentos quanto essas medidas de segurança da moral hindu.

O terceiro edito, por exemplo (*Avadana Sastra I*), o dos *legumes impuros,* dispõe que a única alimentação permitida ao *chandala* seja o alho e a cebola, posto que a Santa Escritura proíbe dar-lhe trigo ou frutas que tenham grãos e priva o *chandala* da água e do fogo. O mesmo edito declara que a água de que tenham necessidade não deve ser tomada dos rios, das fontes nem dos tanques, mas tão somente dos pântanos e dos buracos deixados no solo pelas pegadas das patas dos animais. Também lhes é proibido lavar a roupa e a si próprios, porque a água, que lhes é concedida por misericórdia, só há de lhes servir para aplacar a sede. Por último se proibia as mulheres sudras de assistir as *chandalas* no parto e estas de assistirem umas as outras. O resultado de semelhante policiamento sanitário não deixava lugar a dúvidas: epidemias mortais, doenças espantosas dos órgãos sexuais e, como resultado, a lei da faca ordenando a circuncisão dos bebês do sexo masculino e a ablação dos pequenos lábios nos bebês do sexo feminino. O próprio Manu dizia: "Os *chandalas* são o fruto do adultério, do incesto e do crime (eis aí a consequência *necessária* da ideia da criação). Como vestimentas devem ter apenas os farrapos roubados dos cadáveres, como vasilha, jarros, por adorno, ferro-velho e por objeto de culto, os maus espíritos; devem errar de um lugar a outro sem repouso. É lhes interdito escrever da esquerda para a direita e se servir da mão direita para escrever, o uso da mão direita e da escrita da esquerda para a direita estando reservado às pessoas de *virtude*, às pessoas da raça."

4

Essas prescrições são bastante instrutivas: constata-se nelas a humanidade *ariana* absolutamente pura, absolutamente primitiva — vemos que a ideia de "puro-sangue" constitui o contrário de uma ideia inofensiva. Em contrapartida, percebe-se claramente em *que* povo ela se torna religião, ela se torna *gênio*... Considerados desse ponto de vista, os Evangelhos são um documento de primeira ordem, e mais ainda o livro de Enoque. — O cristianismo, nascido de raízes judaicas, inteligível somente como uma planta desse solo, representa o *movimento de oposição* contra toda moral de criação, da raça e do privilégio. É a religião *antiariana* por excelência. O cristianismo, a transmutação de todos os valores arianos, a vitória dos valores dos *chandalas*, o evangelho dos pobres e dos humildes proclamado, a insurreição geral de todos os oprimidos, dos miseráveis, dos arruinados, dos deserdados, sua insurreição contra a "raça" — a vingança imortal dos *chandalas* tornada *religião do amor*...

5

A moral da *criação* e a moral da *domesticação* são absolutamente dignas uma da outra pelos meios de que se servem para atingir seus fins: podemos estabelecer como primeira regra que para *fazer* moral é absolutamente necessário dispor da vontade do contrário. Aí se acha o grande e inquietante problema que persigo há tanto tempo: a psicologia daqueles que querem tornar a humanidade "melhor". Um pequeno fato bastante modesto ao fundo, o da *pia fraus*, franqueia-me o primeiro acesso a esse problema, a *pia fraus* foi a herança de todos os filósofos, de todos os sacerdotes que desejaram tornar a humanidade "melhor". Nem Manu, nem Platão, nem Confúcio, nem os mestres judeus e cristãos já duvidaram do seu direito à mentira. Não duvidaram de um *bom número de outros direitos* também... Se se quer exprimir-se numa fórmula, se poderia dizer: todos os meios pelos quais até o presente a humanidade deveria ter se tornado mais moral eram fundamentalmente *imorais*.

O que os Alemães Estão na Iminência de Perder

1

Entre os alemães, não é suficiente hoje em dia ter espírito: é necessário ainda tomá-lo, *presumir-se* com o espírito... Conheço talvez os alemães e talvez tenha o direito de lhes dizer algumas verdades. A nova Alemanha representa uma forte dose de capacidades herdadas e adquiridas, de sorte que, durante um certo tempo, pode despender sem onerar seu tesouro de forças acumuladas. Não se trata do domínio de uma alta cultura junto de si, ainda menos de um gosto delicado, uma nobre "beleza" dos instintos; mas sim das virtudes mais *viris* que aquelas que poderiam ser apresentadas por outro país da Europa. Muito mais coragem e respeito de si, muito mais segurança nas relações e na reciprocidade dos deveres, muito mais atividade e capacidade de suportar — e uma sobriedade hereditária que tem mais necessidade de aguilhão do que de obstáculo. Acrescento que aqui se obedece ainda sem que a obediência humilhe... e ninguém menospreza o adversário...

Percebe-se que não peço mais que a justiça seja feita aos alemães: nisso não desejaria faltar a mim mesmo — é necessário portanto, igualmente, que lhes faça minhas objeções. Custa muito chegar ao poder: o poder embrutece. Os alemães eram chamados outrora um povo de pensadores: eu me pergunto de uma maneira geral se pensam ainda hoje em dia. Os alemães se entediam agora com o espírito, os alemães desconfiam agora do espírito. A política devora toda a seriedade que se poderia introduzir nas coisas verdadeiramente espirituais. — "A Alemanha acima de tudo",* temo que isso tenha sido o fim da filosofia alemã... "Existem filósofos alemães? Existem poetas alemães? Existem *bons* livros alemães?" Tais são as questões que me colocam no exterior. Não posso senão rugir, mas com a bravura que me é própria, mesmo nos casos desesperados, respondo: "Sim, *Bismarck*!" Tinha eu portanto o direito de confessar que livros são lidos hoje?... Maldito instinto da mediocridade!

2

Quem já não ponderou tristemente sobre o que o espírito alemão poderia ser? Entretanto, esse povo vem se embrutecendo desde há mil anos; em nenhuma parte se abusou tanto dos dois grandes narcóticos europeus: o álcool e o cristianismo. Recentemente se acrescentou um terceiro, que por si só bastaria para consumar a ruína mais sutil e ousada leveza do espírito: refiro-me à música, a nossa música alemã, constipante e constipada. Quanto pesadume mal-humorado, quanta paralisia, quanta umidade, quanta roupa caseira, quanta cerveja há na inteligência alemã! Como é possível que jovens que dedicam sua existência aos fins mais espirituais não sintam o primeiro instinto da espiritualidade, o *instinto de conservação do espírito*, e bebam cerveja? O alcoolismo da juventude culta não é talvez um enigma em relação a seu saber — sem necessidade de espírito pode-se ser um grande sábio —, porém é um problema de qualquer outro ponto de vista. Onde não achar essa doce degeneração que

---

* Primeiro verso de uma canção nacional alemã. (N.T.).

produz a cerveja no espírito? Em um caso célebre, pus o dedo nessa chaga — a degeneração do nosso primeiro livre-pensador alemão, o prudente David Strauss, que chegou a ser autor de um evangelho de cervejaria e de uma nova fé.* Não foi em vão que escreveu sua dedicatória em versos à cerveja, à *amável morena*... fiel até a morte.

3

Falou-se do espírito alemão e foi afirmado que está se tornando mais grosseiro e mais plano. E no fundo, há uma outra coisa que espanta: como a seriedade alemã, a profundidade alemã, a paixão alemã pelas coisas intelectuais vão diminuindo dia a dia. Transformou-se não só a inteligência, mas também o *phátos*. De vez em quando me aproximo das universidades alemãs: que atmosfera respiram esses sábios, que espiritualidade vazia, satisfeita, entibiada! Aquele que objetasse com a ciência alemã incorreria em um profundo equívoco e demonstraria, ademais, não ter lido uma só linha minha. Há dezoito anos não me canso de proclamar a influência deprimente de nosso *cientificismo* atual sobre o espírito. A dura escravidão a que a extensão imensa da ciência condena hoje em dia cada indivíduo é uma das principais razões em virtude das quais as inteligências mais bem-dotadas, mais ricas, mais profundas não encontram já educadores nem educação que lhes convenham. Nada faz padecer tanto nossa cultura quanto a abundância de carregadores pretensiosos e fragmentos de humanidade. Nossas universidades são, *para pesar próprio*, verdadeiras estufas que pioram o espírito nos seus

---

* Refere-se a *A antiga e a nova fé*, de David Strauss. (N.T.).

instintos. Toda a Europa já principia a percebê-lo; a alta política não engana ninguém. A Alemanha vai sendo considerada o povo mais vulgar da Europa. Todavia, estou buscando um alemão com quem possa ser sério a minha maneira... e melhor ainda seria se encontrasse um com quem me atrevesse a ser alegre! *Crepúsculo dos ídolos*; quem compreenderá hoje com que seriedade um filósofo repousa aqui? Para nós a serenidade é o mais incompreensível.

4

Vejamos a questão por outro lado. Não só é evidente que a cultura alemã está em decadência, como não faltam razões suficientes para isso. E, em última instância, ninguém pode gastar mais do que tem, tanto os indivíduos quanto os povos. Se se gasta em poderio, na alta política, na economia, no comércio internacional, no parlamentarismo, nos interesses militares; se se dissipa nesse aspecto da vida a dose de razão, de seriedade, de vontade de domínio de si mesmo que se possui; o outro aspecto tem que ressentir-se. A cultura e o Estado são termos antagônicos — não há desvios disso. — *Estado civilizado* é apenas uma ideia moderna. Um vive do outro; um prospera às custas do outro. Todas as grandes épocas da cultura são épocas de decadência política; o que foi grande no sentido da cultura não foi político, até mesmo foi *antipolítico*. O coração de Goethe se abriu ante o fenômeno Napoleão e se fechou diante das *guerras de independência*. No instante em que a Alemanha se eleva como grande potência, a França adquire nova importância como *potência da cultura*. Hoje já emigraram para Paris muitas coisas sérias e novas, muitas novas paixões do espírito; a questão do pessimismo, por exemplo, a questão Wagner, quase todas as questões psicológicas e artísticas são examinadas lá com maior delicadeza e maior profundidade que na Alemanha, os alemães são até incapazes desse tipo de *seriedade*.

Na história da cultura europeia, a criação do império significa, acima de tudo, uma coisa: uma *deslocação do centro de gravidade*. Em todos os lugares já se vai compreendendo que, no assunto principal — que é sempre a cultura —, ninguém leva em conta os alemães. Podeis apresentar uma única inteligência que mereça chamar a atenção da Europa, uma inteligência como Goethe, como Hegel, como Heinrich Heine, como Schopenhauer, digna, em suma, de alternar com eles? O fato de não haver nem sequer um filósofo alemão provoca assombro.

5

O essencial no ensino superior da Alemanha está perdido, tanto quanto ao fim como quanto aos meios que põem em prática para obtê-lo. Que a educação e a própria cultura sejam o fim — e não o império —; para esse fim são necessários educadores e não catedráticos do Instituto e sábios da Universidade, é coisa esquecida. São precisos educadores instruídos, espíritos nobres e superiores que saibam afirmar-se a cada momento por meio da palavra e por meio do silêncio, seres de uma cultura madura e dulcificada, não esses sábios brutamontes que o Instituto e a Universidade oferecem hoje como *enfermeiros superiores*. Faltam educadores, e abstração feita das exceções, falta a condição primeira da educação, e daí o rebaixamento da cultura alemã.

Meu venerável amigo Jacob Burckhardt, de Basileia, é uma dessas exceções, a mais rara, e a ele deve, em primeiro lugar, Basileia seu predomínio nas humanidades. O que as escolas superiores sabem fazer efetivamente é um adestramento brutal a fim de tornar útil e explorável ao serviço do Estado uma legião de jovens no tempo mais curto possível. *Educação superior e legião* são coisas que encerram uma contradição primordial.

A educação superior não corresponde senão às exceções: é preciso ser privilegiado para ter direito a privilégio tão precioso. As coisas grandes e belas não podem ser bens comuns; *pulchrum est paucorum hominum*. O que ocasionou o rebaixamento da cultura alemã? O fato da educação superior ser um privilégio — a transformação democrática da cultura, convertida em algo obrigatório e comum.— Não é necessário esquecer que as vantagens concedidas em relação ao serviço militar aos estudantes induzem à frequência exagerada dessas escolas. Ninguém dispõe já na Alemanha da liberdade de dar a seus filhos uma educação nobre. Nossas escolas superiores estão organizadas segundo uma mediocridade ambígua, com professores, programas e um resultado previsto. Em todos os lugares reina uma pressa indecente, como se se tivesse perdido algo com o fato de um jovem não ter *acabado* seus estudos aos 23 anos, quando não sabe todavia responder a uma pergunta essencial: que carreira vai escolher? Existe uma espécie superior de homem, que seja permitido dizer, que não gosta de *carreiras*, precisamente porque se sente convocado. Essa espécie de homem tem tempo, dá-se tempo, não pensa em terminar; aos trinta anos se é precisamente menino, principiante; nossos professores do Instituto, carregados de trabalho e embrutecidos, são um escândalo. Para se expressar no sentido da alta cultura. Nossos Institutos sob a proteção desse estado de coisas, como o fizeram recentemente os professores de Heidelberg, podem ter talvez *motivos*, porém seguramente não existem razões.

6

Seguindo meu costume de *afirmar* e cuidar de objeções e críticas apenas de uma maneira indireta e involuntária, apresentarei desde já as três tarefas para as quais necessitamos de educadores. É preciso aprender a *pensar*, é preciso aprender a *falar* e a *escrever*; o fim dessas três coisas é uma cultura aristocrática. Aprender e ver, acostumar os olhos ao repouso, à paciência, habituá-los a deixar ver as coisas, a localizar o juízo, aprender a cercar e envolver o caso concreto. Essa é a primeira preparação para educar o espírito. Não ceder imediatamente a uma sedução, mas saber utilizar os instintos que estorvam e isolam. Aprender a *ver*, tal como entendo, é, de certo modo, o que na linguagem corrente e não filosófica chama-se vontade firme; o essencial é, precisamente, não *querer*, *poder* suspender a determinação. Todo ato antiespiritual e toda vulgaridade repousam sobre a incapacidade de resistir a uma sedução; o que opera assim se crê obrigado a *reagir* e segue todos os impulsos. Em muitos casos, semelhante obrigação é consequência de um estado mórbido, de um estado de depressão, é um sintoma de esgotamento, posto que tudo que a brutalidade antifilosófica chama vício é apenas essa incapacidade fisiológica de resistir. Uma aplicação desse ensino da vista: o que é *dos que aprendem* se torna, em geral, mais lento, mais desconfiado, mais resistente. Ter todas as portas abertas; prostrar-se submisso ante qualquer fato cheio de pequenez; estar sempre disposto a se introduzir, a se precipitar no estranho; em uma palavra, essa famosa *objetividade* moderna é simplesmente de mau gosto.

7

Aprender a *pensar*: em nossas escolas se perdeu completamente a noção disso. Até nas universidades, até entre os sábios da filosofia, a lógica, enquanto teoria, prática e ofício, começa a desaparecer. Leiam os livros alemães; nem sequer se recorda neles, em nenhum deles, que para pensar necessita-se uma técnica, um plano de estudos, um magistério; que a arte de pensar tem que ser aprendida como qualquer espécie de dança. Quem conhece todavia por experiência entre os alemães esse ligeiro estremecimento que passa por todos os músculos ao roçar do pé leve das coisas espirituais? Uma falta de jeito nos assuntos intelectuais, a mão pesada no tato, é o alemão, até o ponto que no exterior isso se confunde com o espírito alemão em geral. O alemão não tem tato para os matizes. O fato de os alemães terem podido suportar seus filósofos, e sobretudo esse aleijado dos conceitos, o *grande* Kant, dá uma triste ideia da distinção alemã. E é porque não é possível prescindir da educação nobre, da *dança* sob todas as suas formas. Saber bailar com os pés, com as ideias, com as palavras; necessitarei dizer que não é menos necessário saber fazê-lo com a pena, que é preciso aprender a escrever? Contudo, nesse ponto eu me converteria em um enigma para leitores alemães.

Passatempos Intelectuais

1

Minhas impossibilidades

Sêneca, ou o tesoureiro da virtude; Rousseau, ou o retorno da natureza *in impuris naturalibus*; Schiller, ou o trombeteiro de Sackingen da moral; Dante, ou a hiena que versifica nos sepulcros; Kant, ou o *cant* como caráter inteligível; Victor Hugo, ou o farol no oceano da falta de sentido; Liszt, ou o estilo corrente... para as mulheres; George Sand, ou *lactea ubertas,* a vaca leiteira do *grande estilo*; Michelet, ou o entusiasmo em mangas de camisa; Carlyle, ou o pessimismo da má digestão; John Stuart Mill, ou a caridade ofensiva; os irmãos Goncourt, ou os dois Ajax pelejando contra Homero (música de Offenbach); Zola, ou a "alegria malcheirosa".

2

Renan. — A teologia é a perversão da razão através do *pecado original* (o cristianismo). A prova disso é Renan, que, enquanto se aventura a soltar um *sim* ou um *não* de índole geral, falha com uma regularidade matemática. Queria, por exemplo, unir estreitamente a ciência à nobreza; porém a ciência faz parte da democracia, como é bem palpável. Deseja representar, não sem certa ambição, uma aristocracia do espírito; porém ao mesmo tempo ele se põe de joelhos diante da doutrina contrária: o *evangelho dos humildes*... De que lhe serve todo o livre pensamento, todo o modernismo, todo o gracejo, toda a flexibilidade, se suas entranhas continuam sendo de cristão, de católico e até de clérigo? Renan possui a faculdade inventiva da sedução do mesmo modo que um jesuíta ou um confessor; seu espírito não carece desse sorriso bonachão e paroquial; como todos os sacerdotes, não é perigoso até que ama. Ninguém o iguala na maneira de adorar, uma maneira de adorar que põe em perigo a vida. Esse espírito de Renan, espírito que enerva, é uma calamidade mais para a pobre França enferma, enferma da vontade.

3

Sainte-Beuve. — Não tem nada de homem; é repleto de ódio pequeno contra todos os espíritos viris. Perambula daqui para lá refinado, curioso, entediado, escutando... É um homem de fundo feminino, com vinganças de mulher e sensualidades de mulher. Como psicólogo, um gênio da maledicência, inesgotável nos meios de insinuar essa maledicência. Ninguém soube como ele mesclar o veneno com o elogio. Seus instintos inferiores são plebeus e têm parentescos com o *ressentimento* de Rousseau; ademais, é romântico, pois atrás de todo o romantismo gesticula e acena o instinto de vingança de Rousseau. Revolucionário, porém suficientemente contido pelo medo. Sem independência frente a tudo aquilo que possui força (a opinião pública, a academia, a corte, sem excetuar Port Royal). Irritado contra tudo que acredita em si mesmo. Bastante poeta e meio mulher para sentir a potência do grande; continuamente retraído como o célebre verme, porque teme que o pisem. Sem medida na crítica, sem ponto de apoio e sem espinha dorsal, muitas vezes com a linguagem do libertino cosmopolita, contudo sem valor para confessar sua libertinagem. Sem filosofia como historiador, sem a potência do olhar filosófico — por isso rechaça a missão de julgar em todas as questões essenciais, fazendo um esgar para a objetividade. Muito distinta é sua atitude diante das coisas para as quais é juiz supremo: um gosto refinado e flexível. Aí é onde sabe ser um mestre. De certo ponto de vista, é precursor de Baudelaire.

4

A *Imitação de Cristo* é um dos livros que não posso tomar nas mãos sem experimentar algo como uma repugnância fisiológica: exala um perfume de eterno feminino, para o qual se necessita ser francês, ou pelo menos wagneriano. Esse santo tem uma maneira de falar do amor que excita a curiosidade das parisienses. Disseram-me que o mais avisado dos jesuítas, Auguste Comte, que desejava conduzir os franceses à Roma pelos desvios da ciência, se inspirou nesse livro. Acredito-o "a religião do amor".

5

G. *Eliot*. — Desprenderam-se do Deus cristão e agora com maior razão creem dever conservar a moral. É uma dedução inglesa, e não desejo censurar com ela as feminidades morais à moda de Eliot.
Na Inglaterra, pela menor emancipação da teologia é preciso recobrar a boa fama perdida, reconquistando-a como fanático da

moral, até provocar espanto. É a maneira de fazer penitência lá usada. Nós entendemos isso de outro modo. Se se renuncia à fé cristã, despoja-se alguém ao mesmo tempo do direito à moral cristã. Porém isso não é coisa que se entenda por si só e deve ser explicada continuamente aos espíritos superficiais, por mais que isso pese aos ingleses. O cristianismo é um sistema, um conjunto de ideias e de opiniões acerca das coisas. Caso se extraia dele uma parte essencial, a crença em Deus, destrói-se tudo e não nos fica nada necessário entre os dedos. O cristianismo supõe que o homem não sabe nem pode saber por si o que é bom e o que é mau: crê que só Deus o sabe. A moral cristã é um mandamento, sua origem é transcendente, está fora de toda crítica, de todo direito à crítica; contém apenas verdade, supondo-se que Deus seja a verdade; vive com a fé em Deus e desaparece com ela.

Se os ingleses creem que sabem por si mesmos "intuitivamente" o que é o bem e o que é o mal; se se apresentam, por conseguinte, sem a necessidade do cristianismo como garantia da moral, isso é somente uma consequência, na realidade, da soberania da evolução cristã e uma expressão da força e do arraigamento dessa soberania. E a origem da moral inglesa foi esquecida, é que não se compreendeu a extrema dependência de seu direito à existência. Para o inglês, a moral não é todavia um problema.

6

George Sand. — Li as primeiras *Cartas dum viajante*. Como tudo que procede de Rousseau, é falso, fictício, inchado e exagerado. Não posso aguentar esse estilo de papel de parede, nem a ambição vulgar que aspira aos sentimentos generosos. E o pior é a coqueteria feminina, com toques varonis, com maneiras de garotos mal-educados. Quão fria devia ser essa artista insuportável! Dava-se corda como um relógio e escrevia. Fria como Victor Hugo, como Balzac, como todos os românticos quando se sentavam a sua mesa de trabalho. E com quanta suficiência devia deitar sobre a mesa essa temível vaca escritora que tinha algo de alemão, como o próprio Rousseau, seu mestre, o qual só era possível suceder quando o gosto francês tinha perdido o rumo! E Renan a venerava!

7

Moral para psicólogos. — Não fazer psicologia de vendedor ambulante. Não observar por observar. Isso proporciona uma falsa óptica, uma contração, um não sei que forçado que propende ao exagero. Viver algo por *querer* vivê-lo não resolve. Não é lícito durante o acontecimento olhar para si; todo olhar se converte então em um olhar mau. Um psicólogo de nascimento evitará por instinto olhar para ver, e o mesmo fará um pintor de nascimento. Não trabalhará jamais copiando *do natural*, mas sim remeter-se-á ao seu instinto, à sua câmara escura para peneirar, para expressar o caso, a *natureza,* a *coisa vivida.* Só tem consciência da generalidade, da conclusão, do resultado; ignora as deduções arbitrárias do caso particular. Que resultado se obtém quando se procede de outra maneira, por exemplo, quando ao estilo dos novelistas franceses se faz psicologia grande e pequena de mascate? Espia-se, de certo modo, a realidade e se traz todas as noites um punhado de curiosidades. No entanto, olhem o que resulta: no máximo um mosaico e em todos os casos algo sobreacrescido e que grita. Os Goncourt chegaram ao ápice do mal nesse gênero. Não podem escrever três frases seguidas sem que prejudiquem o psicólogo.

A natureza avaliada do ponto de vista artístico não é um modelo; exagera, deforma, deixa vazios. O estudo *do natural* revela submissão, debilidade, fatalismo — essa prosternação ante os fatos pequenos é indigna de um artista completo. —Ver o *que* é corresponde a outra categoria de espíritos, aos espíritos *antiartísticos* concretos. É preciso saber que se é...

8

Para a psicologia do artista. — Para que haja arte, para que haja uma ação ou uma contemplação estética qualquer, é indispensável uma condição fisiológica prévia: a *embriaguez*. É mister que a embriaguez tenha aumentado a irritabilidade de toda a máquina; sem isso a arte é impossível. Todos os tipos de embriaguez, ainda que estejam condicionados o mais diretamente possível, têm potência artística e, acima de todos, a embriaguez da excitação sexual, que é a forma de embriaguez mais antiga e primitiva. O mesmo efeito é produzido pela embriaguez que acompanha todos os grandes desejos, todas as grandes emoções: a embriaguez da festa, da luta, do ato arrojado, da vitória, de todos os movimentos extremos; a embriaguez da crueldade, a embriaguez da destruição, a embriaguez produzida pelas influências meteorológicas, como, por exemplo, a embriaguez da primavera, ou então a influência dos narcóticos, e por último a embriaguez da vontade, de uma vontade acumulada e dilatada.

O essencial na embriaguez é o sentimento de força e de plenitude. Sob a influência desse sentimento nos abandonamos às coisas, obrigamo-las a tomar algo de nós, as forçamos; esse *processus* chama-se *idealizar*. Desprendemo-nos de uma preocupação relativa a esse ponto; idealizar não consiste, como geralmente se crê, em uma dedução e numa subtração do que é pequeno e acessório. O que há de decisivo nisso é um *formidável* relevo dos traços principais, que fazem com que todos os demais fiquem eclipsados.

9

Nesse estado nós o enriquecemos com nossa própria plenitude. O que se vê se vê inflado, vigoroso, tenso, sobrecarregado de força. O homem, condicionado dessa maneira, transforma as coisas até que reflitam sua potência, até que se tornem reflexos de sua perfeição. Essa transformação forçada, essa transformação no perfeito é arte. Tudo, até o que não existe, se converte para o homem em gozo de si. Na arte, o homem goza de sua pessoa enquanto perfeição. É possível figurar-se o estado contrário, um estado específico dos instintos antiartísticos, uma maneira de conduzir-se que empobrece e tornaria todas as coisas anêmicas. E, com efeito, a história está repleta de antiartistas de todas as classes, de esfaimados de vida para os quais apoderar-se das coisas, consumi-las, *enfraquecê-las* é uma necessidade. No caso do verdadeiro cristão, de Pascal, por exemplo; um cristão que possa ser ao mesmo tempo um artista não pode existir. Que não incorra à ninharia de objetar-se com Rafael ou com qualquer cristão do século XIX. Rafael acreditava na afirmação, logo não era cristão.

10

Que significa a oposição de ideias entre *apolíneo* e *dionisíaco* que foi introduzida na estética, consideradas ambas categorias da embriaguez? A embriaguez apolínea produz, acima de tudo, a irritação que fornece ao olho a faculdade da visão. O pintor, o escultor, o poeta épico são visionários por excelência. Ao contrário, no estado dionisíaco, todo o sistema emotivo está irritado e amplificado, de modo que descarrega de um golpe todos os seus meios de expressão lançando sua força de imitação, de reprodução, de transfiguração, de metamorfose, toda espécie de mímica e de arte de imitação. A facilidade da metamorfose é o essencial, a incapacidade de deixar de reagir (como sucede com certos histéricos que, obedecendo a todos os gestos, se prestam a todos os papéis). O homem dionisíaco é incapaz de deixar de compreender uma sugestão qualquer, não deixa escapar vestígio algum de emoção, possui no mais alto grau o instinto da compreensão e da adivinhação, como possui no mais alto grau a arte de comunicar-se com os demais. Sabe revestir todas as formas e todas as emoções; transforma-se continuamente.

A música, tal como a entendemos hoje, é apenas uma irritação e uma descarga completa de emoções; porém, não é mais que o resíduo de um mundo de expressões emocionais muito mais amplo, um resíduo do histrionismo dionisíaco. Para tornar a música possível, como arte especial, imobilizou-se certo número de sentidos, em primeiro lugar o sentido muscular (ao menos em alguma medida, pois relativamente todo ritmo fala a nossos músculos), de maneira que o homem não possa imitar e representar corporalmente tudo o que sente. Contudo, este último é o verdadeiro estado normal dionisíaco e desde logo o estado primitivo. A música não é senão uma especificação de tal estado, lentamente adquirida, em detrimento das faculdades imediatas.

11

O ator, o dançarino, o poeta lírico têm estreito parentesco em seus instintos e formam um todo cujas partes se especializaram e se separaram pouco a pouco até atingir a contradição. O poeta lírico foi o que permaneceu mais tempo unido ao músico, ao ator, ao dançarino. O arquiteto não representa nem um estado apolíneo nem um estado dionisíaco; nele o que ressalta é o grande ato da vontade: a vontade que move as montanhas. Os homens mais poderosos inspiraram sempre os arquitetos. A arquitetura tem estado constantemente sob a sugestão do poder. No edifício, o atrevimento; o triunfo sobre a gravidade, a vontade de potência têm que se fazer visíveis. A arquitetura é uma espécie de eloquência de poder, expressada por meio das formas, umas vezes persuasiva e até acariciante, outras limitada a dar ordens. O sentimento mais elevado de potência e de segurança encontra sua expressão no grande estilo. A potência, que não necessita demonstração, que desdenha o agradar, que dificilmente contesta, que não vê testemunhas em torno de si, que sem ter consciência delas vive das objeções que lhe são opostas, que descansa sobre si mesma, fatalmente, como uma lei entre as leis, isso é o que fala de si mesmo no grande estilo.

12

Li a vida de Thomas Carlyle, essa farsa involuntária, essa interpretação heroico-moral de uma dispepsia. Carlyle foi um homem de palavras enérgicas e atitudes vigorosas, um retórico por necessidade, excitado continuamente pelo desejo de uma sólida fé e por sua incapacidade para chegar a consegui-la (nisso era um romântico típico). O desejo de uma vigorosa fé não é prova de possuí-la, mas muito pelo contrário. Quando se possui essa fé pode alguém permitir o luxo do ceticismo, está bastante seguro, bastante firme, bastante ligado para poder fazê-lo. Carlyle aturde algo que faz parte de si mesmo com o *fortíssimo* de sua veneração pelos homens de uma sólida fé e por sua ira em relação aos menos estúpidos; sente necessidade de ruído. O característico nele é uma deslealdade constante e apaixonada para consigo mesmo, isto é, o que o faz interessante. É verdade que na Inglaterra é admirado precisamente por essa deslealdade. Pois bem; isso é muito inglês e se considera que os ingleses são o povo do *cant* mais acabado, é, não apenas compreensível, como até legítimo. No fundo, Carlyle é um ateu inglês que se empenha em não sê-lo.

13

Emerson. — É muito mais ilustrado, muito mais vagabundo, mais múltiplo, mais refinado do que Carlyle, e sobretudo é mais feliz. É daqueles que instintivamente se alimentam apenas de ambrosia e se afastam de todas as coisas que contêm algo de indigesto. Ao contrário de Carlyle, é um homem de bom gosto. Carlyle, que lhe tinha muita afeição, dizia dele: "Não nos dá com que entreter os dentes." E nisso pode ser que tivesse razão, porém isso não diminui Emerson.

Emerson possui essa seriedade espiritual que desconcerta todo o sério; não sabe quão velho é e ao mesmo tempo quão jovem continua sendo. Podia dizer de si mesmo a frase de Lope de Vega: "*Yo me sucedo a mí mismo.*"* Sua inteligência encontra sempre razões para sentir-se ditosa e grata, e às vezes chega a roçar com a serena transcendência daquele homem excelente que voltava de um encontro amoroso *tarquam rebene gesta. Ut de sint vires*, dizia com gratidão, *tamer est laudanda voluptas*.

14

Anti-Darwin. — No que se refere à famosa luta pela vida, parece-me que está mais afirmada do que demonstrada. Apresente-se, porém, como exceção; o aspecto geral da vida não é a indigência e a fome, mas, ao contrário, a riqueza, a opulência, até, caso se queira, uma absurda prodigalidade; onde há luta é pela dominação. Não se deve confundir Malthus com a natureza. Todavia, concedendo-se que essa luta exista, e ocorra alguma vez, com efeito, desgraçadamente, finda de uma maneira contrária a que deseja a escola de Darwin, ao desenlace que não ousaríamos desejar com ela; quero dizer que finda em detrimento dos fortes, dos privilegiados, das exceções felizes. As espécies não caminham para a perfeição, os débeis acabam por se converterem em senhores dos fortes porque têm em seu favor o número e também são os mais astutos. Darwin

---

* Em castelhano no original. (N.T.).

esqueceu o espírito (o esquecimento é bem inglês) e os débeis têm mais espírito. É preciso ter necessidade do espírito para chegar a possuí-lo e ele se perde quando não é mister. O que detém força se desfaz do espírito. "Deixemo-lo ir em frente", pensa-se hoje na Alemanha, "fica-nos o império." Como se compreenderá, entendo aqui por espírito a circunspecção, a paciência, a astúcia, a dissimulação, o grande domínio de si mesmo e tudo que é *mimicry*. Grande parte do que chamamos de virtude pertence a essa última ordem.

15

Casuística de psicólogo. — Este conhece os homens; por que os estuda se não quer obter deles grandes nem pequenos proveitos? É um homem político. Aquele conhece também os homens e diz que não quer obter nada para si mesmo; é um *grande impessoal*, diz. Olhem-no mais de perto. Quiçá busca um proveito todavia *pior:* sentir-se superior aos homens, ter o direito de olhá-los de alto a baixo, de não confundir-se com eles. Esse impessoal despreza os homens e o primeiro é de espécie mais humana, apesar das aparências. Conduz-se, ao menos, como igual aos homens, coloca-se no meio deles...

16

O *tato psicológico* dos alemães me parece muito duvidoso por uma série de fatos cuja enumeração minha modéstia me impede de fazer. Haverá casos em que me serão oferecidas grandes ocasiões de demonstrar minha tese. Guardo rancor dos alemães por se terem enganado sobre Kant e sua "filosofia com portas para fuga", como a chamo, e que certamente não foi um modelo de honestidade intelectual.

Não posso entender tampouco este e infame: os alemães dizem: Goethe e Schiller, e por pouco não dizem Schiller e Goethe. Não conhecem Schiller ainda? Há outros e piores, todavia. Já ouvi se dizer, é verdade que unicamente entre professores da Universidade: *Schopenhauer* e *Hartmann*.

17

Só às almas mais espirituais, dando por assentado que sejam as mais valorosas, é dado viver as maiores tragédias; por isso estimam a vida, porque lhes opõem seu maior antagonismo.

18

Para a "consciência intelectual". — Não há coisa que me pareça mais rara hoje em dia do que a verdadeira hipocrisia. Tenho grandes suspeitas de que essa planta não suporta o ar doce de nossa civilização. A hipocrisia faz parte da época das crenças sólidas, em que mesmo quando se era *forçado* a exibir uma crença diferente não se abandonava a crença que já se tinha. Hoje abandona-se ou não se adquire uma segunda fé, que é o mais frequente e se continua sendo honrado. É indubitável que nos nossos dias é possível ter um número maior de convicções que em outros tempos, e ao dizer possível quero dizer lícito, que equivale a *inofensivo*. Isso dá origem à tolerância.

Essa tolerância permite muitas convicções que vivem em boa harmonia umas com as outras e se livram muito bem (como fazem todos) de comprometer-se. O que hoje compromete? O espírito de consequência, o seguir a linha reta, o não se apresentar a um duplo sentido ou a um quíntuplo sentido, o ser verídico. Receio que o homem moderno seja demasiado acomodado para certos vícios, o que faz com que se extingam literalmente esses vícios. Todo o mal que depende da fortaleza da vontade — e talvez não haja mal sem força de vontade — degenera em virtude em nossa atmosfera tépida. Os raros hipócritas que cheguei a conhecer imitavam a hipocrisia: eram cômicos, como o é hoje um homem em cada dez.

19

Belo e *feio.* — Não há nada tão condicional e limitado como nosso sentido da beleza. O que quer representar o belo abstraído do prazer que o homem produz no homem perderá o equilíbrio em seguida. O *belo em si* é apenas uma frase, nem sequer uma ideia. O homem toma a si mesmo como medida de perfeição no belo e, em certos casos escolhidos, adora-se. Uma espécie não pode fazer outra coisa a não ser afirmar-se dessa maneira. Seu mais profundo instinto, o de conservação e crescimento, reflete-se todavia nessas sublimidades. O homem acredita que o mundo está por si só pleno de belezas e se esquece de que é ele mesmo a causa dessas belezas. Ele, e ninguém mais, foi que tornou o mundo pleno de beleza humana, demasiado humana, e nada mais. Em resumo, o homem se reflete nas coisas, e toda aquela que lhe oferece sua imagem lhe parece bela; seu juízo do belo é a *vaidade da espécie*.

No entanto, essa interrogação pode insinuar um pouco de desconfiança no ouvido do cético: embelezou-se verdadeiramente o mundo por ser o homem quem o julga do ponto de vista da beleza? É representado sob *formas humanas*, porém nada, absolutamente nada nos garante que seja o homem o modelo da beleza. Quem sabe o efeito que produziria aos olhos de um juiz superior do gosto? Parecer-lhe-ia divertido? Parecer-lhe-ia um tanto caprichoso? "Oh, divino Dionísio! Por que me puxas as orelhas?", perguntou um dia Ariadne ao seu amante filosófico em um dos célebres diálogos da ilha de Naxos. "Encontro algo agradável em tuas orelhas, Ariadne, por que não são ainda mais longas?"

20

Nada é belo, somente o homem é belo; toda a estética repousa nessa simplicidade; tal é sua primeira verdade. Acrescentamos em seguida a segunda: nada é feio a não ser o homem que *degenera*, com o qual fica circunscrito o domínio dos juízos estéticos.

Do ponto de vista fisiológico todo o feio entristece e deprime o homem. Ele o faz pensar na decomposição, no perigo, na impotência. No feio perde indubitavelmente força; o efeito da feiura pode ser medido com o dinamômetro. Em geral, quando se sente de qualquer modo deprimido, o homem percebe a proximidade de algo feio. Seu sentimento da potência, sua vontade de potência, sua altivez, sua coragem, tudo isso diminui com a feiura e cresce com a beleza. Em ambos os casos *tiramos uma conclusão*; as premissas estão acumuladas abundantemente no instinto. Vemos no feio um sinal e um sintoma de degeneração: o que lembra de perto ou de longe a degeneração provoca em nós o juízo "feio". Todo índice de esgotamento, de peso, de velhice, de cansaço; toda espécie de constrangimento como a convulsão ou a paralisia e sobretudo o odor, a cor e a forma da decomposição, ainda que não seja em suas últimas atenuações, em forma de símbolo, provoca em nós a mesma reação: o juízo do feio. Nisso emerge um ódio; o que o homem odeia aí? Não há dúvida, o rebaixamento do seu tipo. Odeia no âmago do seu mais profundo instinto da espécie. E nesse ódio há um horror, há prudência, profundidade, clarividência. É o ódio mais profundo que existe. É por ele que a arte é profunda.

21

Schopenhauer. — Schopenhauer, o último alemão digno de ser levado em conta, o último acontecimento europeu (como Goethe, como Hegel, como Heine), e não só um acontecimento local "nacional". Schopenhauer é para o psicólogo um caso de primeira ordem, como tentativa maliciosamente genial de fazer trabalhar em favor de uma depreciação completamente niilista da vida aos instintos contrários: a grande afirmação de si, a afirmação da vontade de viver, as formas exuberantes da vida. Interpretou um após outro a *arte*, o heroísmo, o gênio, a beleza, a compaixão, o conhecimento, o desejo da verdade, a tragédia como consequência da negação ou da necessidade de negação da vontade, e foi o maior caso de falsificação de moeda psicológica que a história registra, exceção feita ao cristianismo. Olhando de perto, é nisso o herdeiro da interpretação cristã, com a diferença de que ele supôs aprovar também em sentido cristão, isto é, niilista, o que o cristianismo havia desprezado, os grandes feitos da civilização humana (aprova-os como caminhos para a redenção, como formas primeiras da redenção, como estimulantes para a redenção).

22

Vou fixar-me em um caso concreto. Schopenhauer fala da beleza com um ardor melancólico. Por quê? Porque vê nela uma ponte pela qual se pode ir mais longe, ou na qual se adquire a ânsia de ir mais longe. A beleza é para ele a emancipação da vontade por alguns momentos e atrai para a emancipação eterna. Elogia-se sobretudo como redentora do *foco da vontade*, da sexualidade; no belo vê a negação do gênio da reprodução. Santo extravagante! — houve quem te contradissesse: a natureza. Por que há beleza nos sons, nas cores, nos perfumes e nos movimentos rítmicos da natureza? O que é que impulsiona a beleza a manifestar-se ao exterior? Felizmente também o contradiz um filósofo, e não um dos piores. O divino Platão (como o chama o próprio Schopenhauer) sustenta com sua autoridade outra tese: que toda beleza impele à reprodução e que este é precisamente seu efeito natural, a grosseira sensualidade ao mais elevado espiritualismo.

23

Platão via mais longe. Diz, com uma inocência para a qual se necessita ser grego, que não haveria filosofia platônica se não tivessem existido formosos mancebos em Atenas, posto que sua contemplação é o que transporta a alma dos filósofos em um delírio erótico e não lhe deixa ponto de repouso até que não tenham espalhado a semente de todas as coisas elevadas por um mundo tão belo. Aqui temos outro santo não menos extravagante: não crê alguém em seus olhos supondo que se creia em Platão. Adivinha-se, ao menos, que em Atenas se filosofava de outro modo; desde logo, tudo se fazia em público. Nada menos grego que consagrar-se a tecer teias de aranha solitariamente com as ideias, *amor intellectualis dei*, à maneira de Spinoza. Melhor seria definir a filosofia tal como a prática de Platão, como uma espécie de palestra erótica, que continha e aprofundava a antiga ginástica agonal com todas as suas condições prévias. O que resulta em última instância desse erotismo filosófico de Platão? Uma nova forma da arte do *Agon* grego: a dialética. Recordarei contra Schopenhauer e a favor de Platão que toda a elevada cultura literária da França clássica gira em torno de motivos sexuais. Nela podem ser buscados em todas as partes a galanteria, os sentidos, a luta sexual, a *mulher*, e não há por que recear que sejam buscados em vão.

24

A arte pela arte. — A luta contra a finalidade na arte é sempre uma luta contra as tendências moralizadoras, contra a subordinação da arte à moral. A *arte pela arte* quer dizer: "O diabo com a moral." Essa mesma inimizade denuncia o poder ainda preponderante daquela preocupação. Entretanto, ainda que se exclua da arte o fim de edificar e melhorar os homens, não se conclui daí que a arte deva carecer em absoluto de um fim, de uma aspiração e de um sentido; que seja, em uma palavra, a arte pela arte — a serpente que pica a própria cauda. — "Antes não ter um fim que ter um fim moral!" Assim fala a paixão. Contudo, um psicólogo pergunta, ao contrário: O que toda espécie de arte faz? Não louva? Não glorifica? Não isola? Com tudo isso a arte fortalece ou enfraquece certas avaliações; é isso um acessório, uma coisa acidental? É algo em que o instinto artístico não tem participação completa? É que a faculdade de *poder* do artista não é a condição primeira da arte? Está o seu instinto básico dirigido à arte, ou preferivelmente ao sentido da arte, à vida, a um desejo de vida. A arte é o grande estimulante da vida; como receber a *arte pela arte?*

Resta outra questão: a arte não mostra muitas coisas que toma da vida, feias, duras, duvidosas? Emancipar-se da vontade era a intenção que Schopenhauer atribuía à arte; dispor alguém à resignação era para ele a grande utilidade da tragédia, que venerava. No entanto, isso, como dei a entender, é a óptica do pessimista, é o mal da visão e cumpre solicitar tal opinião dos próprios artistas. "Que sentimento seu nos comunica o artista trágico?" O que afirma não é precisamente a falta de temor diante do terrível e do incerto. Esse estado é um desejo superior e aquele que conhece a honra com as maiores homenagens e a comunica, necessita comunicá-la, supondo que seja artista, gênio da confidência. O valor e a liberdade do sentimento ante um inimigo poderoso, ante um revés sublime, ante um problema que espanta é o estado *triunfante* que elege e glorifica o artista trágico. Diante do trágico, o conselho de guerra de nossa alma celebra suas saturnais; aquele que está habituado à dor e à sua busca, o homem heroico, celebra sua existência na tragédia, e o artista trágico oferece essa taça de crueldade, a mais doce de todas.

25

Moldar-se aos homens, ter casa aberta no coração é liberal, porém não é mais que liberal. Distinguem-se os corações que só são capazes de uma hospitalidade *nobre*, caracterizada por numerosas janelas que têm persianas fechadas. Os melhores aposentos estão vazios. Por quê? Porque esperam hóspedes aos quais não se pode tratar de qualquer maneira...

26

Não nos estimamos o bastante quando falamos com os demais. O que verdadeiramente nos acontece não é eloquente. Ainda que os acontecimentos quisessem, não poderiam comunicar-se por si mesmos. Carecem de *palavras*. Estamos acima das coisas que podemos comunicar por meio de *palavras*. Em todos os discursos há algum desprezo. Ao que parece, a linguagem não foi *inventada* a não ser para as coisas medíocres, *vulgares*, comunicáveis. Com a linguagem, o que fala começa a *vulgarizar-se*. Extraído de uma moral para surdo-mudos e demais filósofos.

27

"Este quadro é encantador!..." A mulher literata, descontente, excitada, com as entranhas *vazias*, escutando sempre com curiosidade dolorida o imperativo que desde os subterrâneos de seu organismo murmura: *Aut liberi aut libri*; a mulher literata, bastante ilustrada para escutar a *voz* da natureza até quando fala em latim e, por outro lado, bastante *vaidosa* para dizer a si mesma em segredo e no próprio idioma: "Ver-me-ei, ler-me-ei, me extasiarei e direi: É possível que eu tenha tanto talento?"

28

Os impessoais falam. — "Nada é tão fácil para nós como o ser prudentes, sofridos, superiores". Destilamos o óleo da indulgência e da simpatia, *levamos* a justiça até o absurdo, perdoamos tudo. Por isso *deveríamos* nos criar de *vez* em quando uma paixãozinha, um vício pessoal. Isso pode amargurar-nos e entre nós *talvez* ríssemos. E de que nos servirá isso? Não nos resta outra maneira de *vencer* a nós mesmos; é nosso ascetismo, nossa maneira de fazer penitência. *Tornar-se pessoal* é a virtude dos impessoais.

29

De um exame de doutorado. — Qual é o objetivo de toda instrução superior? — *Converter* o homem em uma máquina. Que meios *devem* ser empregados para isso? Ensinar o homem a aborrecer-se. Como se consegue isso? Com a noção do *dever*. Que modelo se *deve* propor? O filólogo, que ensina a trabalhar sem descanso. Qual é o homem perfeito? O funcionário do Estado. Qual é a filosofia que fornece a fórmula superior ao funcionário do Estado? A de Kant; o funcionário como coisa em si, colocado sobre o funcionário como aparência.

30

O direito à estupidez. — O trabalhador fatigado que respira lentamente, que tem o olhar terno, que deixa que as coisas fluam, essa figura típica que se encontra agora no século do trabalho (e do império!) em todas as classes da sociedade, lança mão da arte, inclusive do livro, embora mais ainda do jornal — e muito mais ainda das formosas paisagens, da Itália, por exemplo. O homem da tarde, "com os instintos *selvagens* adormecidos" de que fala Fausto, tem necessidade de veraneio, de banhos de mar, de gelo, de Bayreuth. Em épocas como a nossa a arte tem direito à imbecilidade, como uma espécie de férias do gênio, da verbosidade e do sentimento. Wagner o compreendeu. A *rainha Torheit*, a imbecilidade, contribui na reposição das forças.

31

Outro problema de regime. — Os meios de que se *servia* Júlio César para *preservar-se* de enxaquecas e dores de cabeça eram: longas caminhadas, um gênero de *vida* o mais simples possível, permanecia constantemente ao ar livre e fazia exercícios contínuos. Tais são, em geral, as medidas de *preservação* que exige a extrema vulnerabilidade dessa delicada máquina que trabalha à mais alta pressão, essa máquina que chamamos gênio.

32

Fala o imoralista. — Não há nada mais contrário aos gostos do filósofo do que o homem *que deseja*. Quão *admirável* lhe parece o homem quando o vê em seus atos e observa nele o mais bravo, o mais astuto e o mais sofrido dos animais, até quando se vê enredado nos transes mais intricados! Entretanto, o filósofo despreza o homem que deseja e também o que pode parecer apetecível e, em geral, todo gênero de desejo, todos os *ideais* do homem. Se um filósofo pudesse ser niilista, o seria, porque encontra o nada atrás de todos os ideais. E nem sequer o nada, mas sim algo pior: o fútil, o absurdo, o mórbido, o cansado, o covarde, todo tipo de tragos que é preciso tomar do cálice da existência. Por que o homem, tão venerável enquanto realidade, não merece avaliação quando deseja? É necessário que compense seus atos, a tensão da inteligência e a vontade que todo ato requer, com uma parada no imaginário e no absurdo? A história dos desejos tem sido até agora a *parte vergonhosa* do homem. Não é preciso ler essa história por muito tempo. O que justifica o homem é sua realidade e o justificará eternamente. E quanto mais vale o homem real se o comparamos com um homem ideal qualquer, com um homem que não é mais do que uma trama de desejos, de sonhos e de mentiras? O homem ideal é contrário aos gostos do filósofo.

33

Valor natural do egoísmo. — O amor a si mesmo vale em relação ao valor fisiológico daquele que o pratica; pode valer muito e pode ser indigno e desprezível. Cada indivíduo deve ser apreciado segundo representa a linha ascendente ou a linha descendente. Julgando dessa maneira o homem, obtém-se também a regra que determina o valor do seu egoísmo. Representa-se a linha ascendente, seu valor é efetivamente extraordinário, e no interesse da vida total, que com ele dá um passo para diante, o cuidado de sua conservação e de criar seu *optimum* de condições vitais deve ser extremo. O homem isolado, o indivíduo, tal como foi entendido até agora pelo povo e pelos filósofos, constitui um erro; em si não é nada; não é um átomo, um *elo da cadeia*, uma herança do passado, mas sim é toda a linha do homem até chegar a si mesmo. Se representa a evolução descendente, a ruína, a degeneração crônica, a doença (em geral, as doenças já são sintomas de degeneração e não causas desta), seu valor é bem escasso e a mera equidade exige que se usurpe o menos possível dos homens de constituição perfeita, posto que não é mais que um parasita.

34

Cristão e anarquista. Quando o anarquista, como porta-voz das camadas sociais em *decadência*, reclama com "bela indignação" *o direito, a justiça, a igualdade*, fala sob a pressão de sua incultura, que não sabe compreender que sua pobreza consiste... na pobreza de vida. Há nele um instinto de causalidade que o impele a discorrer assim: "Alguém deve ter culpa do meu mal-estar." Essa "bela indignação" lhe faz já um bem por si só, é um verdadeiro prazer para um pobre-diabo poder injuriar, no que encontra certa embriaguez de poder. A queixa, o mero fato de queixar-se pode proporcionar à vida um atrativo que a torna suportável; em toda queixa há uma dose refinada de *vingança*, lança-se no rosto o próprio mal-estar e, em alguns casos, até a baixeza como uma injustiça ou como um privilégio iníquo aos que se encontram em condições. "Já que sou um canalha, deves sê-lo também"; com essa lógica se fazem as revoluções.

As lamentações jamais valem algo, procedem sempre da debilidade. Não há diferença essencial entre atribuir nosso próprio mal-estar aos demais, como faz o socialista, ou atribuí-lo a nós mesmos, como faz o cristão. Em ambos os casos, alguém deve ser culpável e o mais indigno é que o que padece prescreve à sua dor o mel da vingança. Os objetos dessa necessidade de vingança nascem, como os objetos das necessidades de prazer, de causas ocasionais; o que padece encontra em todas as partes razões para refrescar seu ódio mesquinho; se é cristão, repito-o, as encontra em si mesmo. O cristão e o anarquista são decadentes. Quando o cristão condena, difama e enegrece o mundo, o faz levado pelo mesmo instinto que impele o operário a condenar, difamar e enegrecer a sociedade. O *Juízo Final* constitui o consolo da vingança; é a revolução, tal como o concebem os trabalhadores, só que para tempos mais remotos.

35

Crítica da moral de decadência. — Uma moral altruísta, uma moral em que se debilita o amor de si mesmo é, de qualquer maneira que se considere, uma coisa má. Isso, sendo verdade em relação aos indivíduos, aplica-se acima de tudo aos povos. Falta o melhor quando começa a faltar o egoísmo. Eleger instintivamente o prejudicial, deixar-se *seduzir* por motivos *desinteressados*, é quase a fórmula da decadência. *Não olhar por seu interesse* é simplesmente a folha de parreira moral com que se encobre uma realidade muito diferente; fisiologicamente quer dizer isto: "Não sei onde achar meu interesse." Decomposição dos instintos. O homem que se torna altruísta é o homem acabado.

Em lugar de dizer ingenuamente "Eu não valho nada", a mentira moral diz pela boca do decadente: "Não há nada que tenha valor; a vida não vale nada." Semelhante juízo acaba por converter-se em um grande perigo, pois é contagioso. Sobre o solo mórbido da sociedade cresce uma vegetação tropical de ideias, seja sob a forma de religião (cristianismo), seja sob a forma de filosofia (schopenhauerismo). E ocorre que semelhante vegetação de plantas venenosas, nascidas da corrupção, envenena a vida com suas emanações durante séculos.

36

Moral para médicos. — O doente é um parasita da sociedade. Quando se chega a certo estado, não é conveniente viver mais tempo. A obstinação em vegetar covardemente escravo de médicos e práticas médicas quando já se perdeu o sentido da vida e o direito da vida deveria inspirar à sociedade um desprezo profundo. Os médicos poderiam ser intermediários desse desgosto: nada de receitas, que com cada novo dia caia sobre os enfermos uma nova dose de tédio. É necessário criar uma nova responsabilidade, a do médico, para todos os casos em que o interesse mais elevado da vida, da vida ascendente, exige que se atropele e corte sem compaixão a vida degenerada, em nome do direito de viver. Morrer altivamente quando já não é possível viver altivamente. A morte livremente escolhida, no dia assinalado, com lucidez e coração alegre, em meio a meninos e testemunhas, quando ainda é possível um adeus real, quando aquele que nos abandona existe ainda e é verdadeiramente capaz de avaliar o que quer e o que conseguiu e recapitular sua vida. Tudo isso está em oposição com a lamentável comédia que o cristianismo representa à hora da morte. Jamais se perdoará ao cristianismo o abusar da debilidade do moribundo para violentar sua consciência e assumir a atitude do moribundo como um pretexto para um juízo acerca do homem e de seu passado. Trata-se aqui, apesar de todas as covardias da preocupação, de restabelecer a apreciação exata, isto é, fisiológica, do que se chama morte natural, essa morte que, em definitivo, não é mais que um suicídio. Morre-se sempre por querê-lo. Contudo, a morte em condições mais desprezíveis é aquela que não vem em um momento escolhido de antemão, morte de covarde. Por amor à vida se deveria desejar uma morte livre e consciente, sem acaso e sem surpresa. Enfim, aí vai um conselho para os senhores pessimistas e demais decadentes. Não dispomos de um meio que nos impeça de nascer, porém podemos reparar essa falta, pois às vezes é uma falta. O fato de *suprimir-se* é o mais estimável dos atos: quase dá direito a viver. A sociedade, que digo? — a própria vida extrai disso maior utilidade que a vida passada na renúncia entre cores pálidas e virtudes. Quem o faz livra a vida de uma objeção. O pessimismo puro, o pessimismo radical não é demonstrado senão pela refutação que os senhores pessimistas fazem de si mesmos: eles têm que dar um passo a mais no caminho da lógica; não basta negar a vida com "a vontade e representação", como fez Schopenhauer; acima de tudo é preciso *negar Schopenhauer*. O pessimismo, digamo-lo de passagem, por mais contagioso que seja, não aumenta o estado mórbido de uma época ou de uma raça; em conjunto, é a expressão desse estado. Sucumbe-se como se sucumbe à cólera: é preciso ter predisposições. O pessimismo em si não engendra um decadente a mais. A estatística mostra que os anos em que a cólera faz estragos não podem ser distinguidos dos outros no que se refere à cifra total da mortalidade.

37

Nós nos tornamos mais morais? — Como era de se esperar, toda a ferocidade do embrutecimento moral, que na Alemanha passa por ser a própria moral, se lançou contra meu conceito de "além do bem e do mal". Poderia contar coisas graciosas acerca disso. Primeira se quis que eu refletisse sobre a inegável superioridade de nosso tempo quanto à moral, nosso verdadeiro progresso nessa esfera; impossível admitir que um César Bórgia comparado a nós possa ser apresentado como um homem superior, como uma espécie de super-homem, segundo eu tinha feito. Um redator suíço do Bundt, não sem manifestar-me o apreço que lhe inspirava o valor de semelhante empresa, chegou até a "compreender" que com minha obra me propunha à abolição de todos os sentimentos honrados. Muito obrigado! Tomo a liberdade de contestar colocando a seguinte questão: nós nos tornamos mais morais? O fato de todos o acreditarem já é uma prova do contrário. Nós, os homens modernos, muito delicados, muito suscetíveis, obedecendo a mil considerações diversas, acreditamos, com efeito, que esses ternos sentimentos de humanidade que representamos, que essa unanimidade na indulgência, na tendência a socorrer ao próximo e na confiança recíproca são um progresso real e verdadeiro e que em tudo isso estamos muito acima dos homens do Renascimento, Entretanto, todas as épocas pensam da mesma maneira. É certo que não nos atreveríamos a nos colocar nas condições do Renascimento e que não ousamos sequer conceber-nos nele. Nossos nervos não suportariam semelhante realidade, e não podemos dizer que nossos músculos a suportariam. Entretanto, essa impotência não prova o progresso, mas sim uma constituição diferente, e mais tardia, mais débil, mais delicada, mais suscetível, do qual emana necessariamente uma moral plena de consideração, de olhares. Eliminemos com o pensamento nossa delicadeza, nosso retardamento, nossa senilidade fisiológica, e nossa moral de humanização perde em seguida seu valor — em si, nenhuma moral tem valor — de tal sorte que a nós mesmos inspiraria desprezo. Por outro lado, podemos estar seguros de que nós, os modernos, com nosso humanitarismo cuidadosamente acolchoado, que teme tropeçar até em uma pedra, teríamos oferecido aos contemporâneos de César Bórgia uma comédia ou os faríamos morrer de rir. Com efeito, com nossas *virtudes* modernas, somos ridículos em relação a qualquer ponderação. A diminuição dos instintos hostis e que mantêm a desconfiança alerta — e esse seria em todo caso nosso progresso — não representa senão uma das consequências da diminuição geral da *vitalidade*. Custa cem vezes mais trabalho e requer cem vezes mais precauções conseguir que se logre uma existência tão dependente e tão tardia; em vista disso, os homens se auxiliam mutuamente e se pode dizer que cada um deles é, em maior ou menor grau, doente e enfermeiro. A isso chamamos virtude; porém os homens que conheceram uma vida diferente, uma vida mais abundante, mais pródiga, mais exuberante teriam qualificado tal coisa de *covardia*, talvez de *baixeza*, de moral de velhas. A dulcificação de nossos costumes — tal é minha ideia e caso se queira minha descoberta — é uma consequência de nosso enfraquecimento. A dureza e a atrocidade dos costumes podem ser, em contrapartida, efeito de uma superabundância de vida, pois então pode-se arriscar muito, afrontar muito e também dissipar muito. O que antes era o sal da vida seria para nós veneno. Para sermos indiferentes — o que também é uma forma de força — somos demasiado velhos e chegamos demasiado tarde. Nossa moral da compaixão, contra a qual fui o primeiro a soar um alarme, esse estado de espírito que se poderia chamar de *impressionismo moral*, é, acima de tudo, uma manifestação da superexcitabilidade fisiológica própria de todo decadente. Esse movimento, que na moral da piedade schopenhaueriana tratou de apresentar-se com certo aspecto científico — tentativa pouco feliz —, é o movimento próprio da decadência na moral e como tal tem parentesco próximo com a moral cristã. As épocas vigorosas, as civilizações aristocráticas viram na compaixão, no amor ao próximo, na falta de egoísmo e de independência algo que lhes parecia desprezível. É necessário medir as épocas segundo suas forças positivas e, desse ponto de vista, o Renascimento, tão pródigo e tão rico em fatalidade, se nos apresenta como a última das grandes épocas, e nós, os homens modernos, com nossa ansiosa previsão pessoal e nosso amor ao próximo, com nossas virtudes de trabalho, de simplicidade, de equidade e de exatidão, nosso espírito colecionador, econômico e maquinal, vivemos em uma época de debilidade. Essa debilidade é o que produz e o que exige nossas virtudes. A *igualdade*, certa assimilação efetiva que se manifesta na teoria da *igualdade de direitos*, pertence essencialmente a uma civilização decadente; os abismos entre homem e homem, entre uma classe e outra, a multiplicidade de tipos, a vontade de ser cada um algo, de distinguir-se, o que denomino o *páthos* das distâncias, é o que é próprio das épocas fortes. A força de expansão, a tensão entre os dois extremos, é cada dia menor... os próprios extremos se apagam e se confundem na analogia. Todas as nossas teorias políticas e as constituições de nossos Estados, sem excetuar o *império alemão*, são consequências, necessidades lógicas da degeneração. A ação inconsciente da decadência chegou a dominar até no ideal de certas ciências particulares. Contra toda a sociologia inglesa e francesa formulo a mesma objeção: tal sociologia conhece por experiência apenas os produtos da decomposição das sociedades e inocentemente toma seus próprios instintos de decomposição por norma dos juízos sociológicos. A vida que declina, a diminuição de todas as forças organizadoras, isto é, de todas as forças que separam, que abrem abismos, que subordinam e ordenam, isso é hoje o que se formula como ideal na sociologia. Nossos socialistas são decadentes, porém Spencer também é um decadente: o triunfo do altruísmo lhe parece coisa apetecível.

38

Meu conceito de liberdade. — O valor de uma coisa consiste muitas vezes não no que se ganha ao adquiri-la, mas sim no que se faz para obtê-la, no que custa. Citarei um exemplo: as instituições liberais deixam de ser liberais tão logo são adquiridas; não há, depois, nada tão radicalmente nocivo para a liberdade quanto as instituições liberais. Já se sabe aonde conduzem: elas minam surdamente a vontade de potência, são a nivelação da montanha e do vale erigida em moral, tornam o homem pequeno, covarde e ávido de prazeres; o triunfo das cabeças de gado do rebanho as acompanha. Liberalismo equivale a *embrutecimento de rebanho*. Essas mesmas instituições, enquanto se tem que lutar por elas, produzem consequências diferentes, pois favorecem de uma maneira poderosa o desenvolvimento da liberdade. Olhando-se mais de perto percebe-se que é a guerra o que produz esses efeitos, a guerra pelos instintos liberais, que enquanto guerra deixa subsistir os instintos antiliberais. A guerra educa para a liberdade; porque o que é a liberdade? É ter vontade de responder sim; é manter as distâncias que nos separam; é ser indiferente às penas, às asperezas, às privações, à própria vida; é achar-se disposto a sacrificar os homens por uma causa. Liberdade significa que os instintos viris, os alegres instintos de guerra e de vitória predominam sobre os demais instintos, por exemplo, sobre o da *felicidade*. O homem livre, e muito mais o espírito livre, pisoteia essa espécie de bem-estar desprezível com que sonham os merceeiros, os cristãos, as vacas, as mulheres, os ingleses e demais democratas. O homem livre é *guerreiro*. Como se mede a liberdade nos indivíduos e nos povos? Pela existência que cumpre vencer, pelo trabalho que se tem que pagar para chegar ao alto. O tipo mais elevado de homem livre deve ser buscado ali onde é preciso vencer uma resistência mais sólida, a cinco passos da tirania, no próprio umbral do perigo da servidão. Isso é fisiologicamente verdadeiro caso se entenda por tirania instintos terríveis e implacáveis que provocam o máximo da autoridade e de disciplina para contê-los — o arquétipo dessa classe é Júlio César — e também é verdadeiro politicamente; basta lançar um olhar à história para comprová-lo. Os povos que tiveram algum valor, que *conquistaram* algum valor, não o conquistaram com instituições liberais: o grande perigo os fez dignos de respeito; esse perigo que é o único que nos ensina a conhecer nossos recursos, nossas virtudes, nossos meios de defesa, nosso espírito e que nos compele a sermos fortes. Primeiro princípio: é preciso ter necessidade de ser forte; do contrário, não se chega jamais a sê-lo. As sociedades aristocráticas, como Roma e Veneza, essas grandes escolas, verdadeiras incubadoras de homens fortes, da espécie mais enérgica de homens que já existiu, entenderam a liberdade exatamente no mesmo sentido que eu a entendo: como algo que se tem e não se tem ao mesmo tempo, que se *quer*, que se *conquista*.

39

Crítica do modernismo. — Nossas instituições não valem nada: nisso todos concordam. Porém a culpa não é delas, mas nossa. Como todos os instintos de que provieram essas instituições se extraviaram, elas, por sua vez, nos escapam porque não nos adaptamos a elas. Em todas as épocas, a democracia constituiu a forma de decomposição da força organizadora. No meu livro *Humano, demasiado humano* (I, 318) já qualifiquei a democracia moderna e seus paliativos, tais como o império alemão, como uma de tantas formas de decadência da força organizadora. Para que haja instituições é necessário que haja um gênero de vontade, de instinto, de imperativo antiliberal até a maldade; uma vontade de tradição, de autoridade, de responsabilidade, cimentada sobre séculos, de solidariedade encadeada através dos séculos, desde o passado até o futuro, *in infinitum*. Quando essa vontade existe, funda-se algo como o império romano ou como a

Rússia, a única potência que tem hoje esperanças de alguma duração, que pode esperar, que pode prometer algo; essa Rússia, que representa a ideia contrária à miserável mania dos pequenos Estados europeus, da nervosidade europeia que entrou em seu período crítico com a fundação do império alemão. Todo o Ocidente carece desses instintos, dos quais nascem as instituições, nasce o *porvir*. Vive-se o momento, vive-se muito depressa, vive-se sem responsabilidade alguma, e isso precisamente é o que se chama liberdade. Tudo que faz com que as instituições sejam instituições é desprezado, odiado, rejeitado; os homens se creem novamente em perigo de escravidão enquanto se ouve a palavra *autoridade*. A decadência do instinto de avaliação de nossos políticos, de nossos partidos políticos, chega até a *preferir instintivamente o que precipita o fim*.

Testemunha disso é o matrimônio moderno. Aparentemente ele perdeu toda a sua razão de ser, ainda que isso não seja uma objeção ao matrimônio, mas sim contra o modernismo. A razão do matrimônio residia na responsabilidade exclusiva do homem. Dessa maneira havia um elemento preponderante no matrimônio, enquanto que agora ele coxeia com ambos os pés. A razão do matrimônio consistia no princípio de sua indissolubilidade, a qual não significava pouco frente ao fortuito dos sentimentos, das paixões, dos impulsos do momento. Consistia também na responsabilidade das famílias quanto à escolha dos cônjuges. Com a indulgência crescente até o matrimônio por amor foram destruídas as próprias bases do matrimônio, tudo o que o erigia em constituição. Jamais se fundou uma instituição em uma idiossincrasia; por isso, eu o repito, não se pode fundar o matrimônio no amor. Funda-se-o no instinto da espécie, no instinto da propriedade (a mulher e os filhos eram uma propriedade), no instinto de dominação que se organiza na família, criando uma pequena sociedade que necessita de filhos e herdeiros para conservar-se fisiologicamente também e na medida do poder adquirido, da influência, da riqueza, para preparar missões amplas, uma solidariedade do instinto nos séculos. O matrimônio, como instituição, contém já a afirmação da forma de organização maior e mais duradoura. Se a sociedade, considerada como um todo, não pode fiar-se em si mesma até as gerações mais remotas, o matrimônio carece de sentido. O casamento moderno perdeu sua significação; consequentemente está sendo abolido.

40

O problema operário. — A estupidez, ou melhor, a degeneração do instinto, que é a causa de *toda* estupidez presentemente, é o que faz com que haja o problema operário. Há certas coisas em relação às quais não se colocam problemas: primeiro imperativo do instinto. Não compreendo o que se quer fazer do operário europeu. Não se fez dele uma "questão". Encontra-se muito bem situado para "não questionar", e tal posição melhora dia a dia. Em última instância, tem a seu favor o número. Cumpre renunciar completamente à esperança de que se desenvolva uma espécie de homens modestos e frugais, uma classe que corresponda ao tipo do chinês. Isso teria sido o racional e teria respondido a uma necessidade. E o que se fez? Para aniquilar em seu germe a própria condição de um tal estado de coisas — com um imperdoável estouvamento se destruiu em seus germes os instintos que tornam os trabalhadores possíveis como classe, que lhes fariam admitir a si mesmos essa possibilidade.

Declarou-se o operário apto para o serviço militar, concedeu-se-
-lhe o direito de associação e de voto; o que há de estranho no
fato de sua existência lhe parecer uma calamidade? (Ou, falando
na linguagem da moral, uma injustiça.) Se aspira ao fim, é preciso
aspirar aos meios. Se se desejam escravos, é loucura outorgar-lhes
o que os converte em amos.

41

Liberdade, liberdade... "não" amada! — Estar entregue aos instintos em tempos como os atuais é uma fatalidade a mais. Esses instintos
se contradizem, estorvam-se e se destroem entre si. A definição do
moderno me parece estar em contradição fisiológica consigo mesma.
A educação exigiria que mediante um freio de ferro ficasse paralisa-
da ao menos uma dessas ordens de instintos para permitir ao outro
manifestar sua força, fazer-se vigoroso, erigir-se amo. Hoje não se
pode tornar o indivíduo possível a não ser circunscrevendo-o. Ao
dizer possível quero dizer completo. E se faz contrário. A aspiração
à independência, ao livre desenvolvimento, ao *laisser aller*, é mais
ardente precisamente naqueles para os quais seria pouco qualquer
freio, por mais severo que fosse. Isso é verdade na arte. E o que sucede
é um sintoma de decadência. Nosso conceito moderno da liberdade
é uma prova a mais da degeneração dos instintos.

42

Onde a fé é necessária. — Entre os moralistas e os santos não há
qualidade tão rara quanto a sinceridade, ainda que digam e talvez

creiam no contrário. Quando uma fé é mais útil, mais convincente e produz maior efeito que a hipocrisia consciente, por instinto a hipocrisia torna-se inocente. Primeiro princípio para se compreender os grandes santos. Tratando-se de filósofos, que são outra espécie de santo é uma consequência de seu ofício autorizar apenas certas verdades: aquelas pelas quais obtêm a sanção pública, ou, falando na linguagem de Kant, as verdades da razão prática. Sabem o que *devem* demonstrar, no que são práticos e reconhecem entre si que estão de acordo acerca das "verdades" em questão: "Não devemos mentir"; em outros termos: "Senhor filósofo, você se guardará muito bem de dizer a verdade...".

43

A dizer no ouvido dos conservadores. — O que não se sabia antes, porém se sabe agora e poderá se saber no futuro, é que uma transformação para trás, uma regressão em qualquer sentido e em qualquer grau que se opere, não é cabível no possível. Os fisiólogos, ao menos, o sabem. No entanto, todos os sacerdotes e todos os moralistas acreditaram no contrário e quiseram fazer com que a humanidade retrocedesse. A moral foi sempre um leito de Procusto. Até os políticos imitaram nisso os pregadores da virtude, e ainda existem partidos que sonham em fazer com que as coisas caminhem para trás como os caranguejos. Entretanto, não é dado ao homem ser caranguejo. Não é possível; é mister ir avante, isto é, avançar passo a passo, adiantado à decadência (essa é minha definição do progresso moderno). Pode-se pôr obstáculos a esse desenvolvimento e se criar uma ressurreição da degeneração, concentrá-la, torná-la mais veemente e mais repentina; é tudo o que se pode fazer.

44

Meu conceito de gênio. — Os grandes homens são como as grandes épocas, matérias explosivas, imensas acumulações de forças. Histórica e fisiologicamente, sua condição primeira é sempre a longa espera de sua vinda, uma preparação, uma reconcentração em si mesmo, isto é, que não se tenha produzido explosão alguma durante um longo período. Quando a tensão chega a ser muito grande na massa, a mais casual irritação basta para se chamar à cena do mundo o gênio, para chamá-lo à ação e aos grandes destinos. Que importam então o medo, a época, o espírito do século, a opinião pública! Fixemo-nos no caso de Napoleão. A França da Revolução, e mais ainda a França que preparou a revolução, devia produzir, por sua própria índole, o tipo mais oposto ao de Napoleão, e no fim o gerou. E, como Napoleão era diferente, era o herdeiro de uma civilização mais forte, mais constante, mais antiga do que a que na França ia se evaporando e desagregando, foi o senhor, o único que podia ser o senhor. Os grandes homens são necessários: a época em que aparecem é fortuita. Se quase sempre conseguem tornar-se os senhores, é pelo fato de que são mais fortes, mais *antigos*, é porque representam uma acumulação mais longa de elementos. Entre um gênio e seu tempo existe a relação que existe entre o forte e o fraco, entre o velho e o jovem. O tempo é sempre relativamente mais jovem, mais ligeiro, menos emancipado, mais flutuante, mais infantil. Que hoje se pense de uma maneira inteiramente distinta na França (e na Alemanha também, porém isso não tem importância), e que a teoria do meio, verdadeira teoria de neurastênicos, tenha chegado a ser considerada sacrossanta e encontre apoio entre os fisiólogos, é coisa que me cheira mal e me inspira tristes pensamentos.

Na Inglaterra discorre-se do mesmo modo, porém tal coisa não preocupará ninguém. O inglês tem dois caminhos abertos para acomodar-se ao gênio: a senda *democrática* no estilo de Buckle e a senda *religiosa* ao modo de Carlyle.

O perigo que há nos grandes homens e nas grandes épocas é imenso; o esgotamento sob todas as formas, a esterilidade os segue passo a passo. O grande homem é um final; a grande época, o Renascimento, por exemplo, é um final. O gênio em ação é necessariamente pródigo, sua grandeza exige que dissipe. O instinto de conservação fica, até certo ponto, em suspenso; a pressão suprema das forças radiantes veda qualquer tipo de precaução e de prudência. Chama-se a isso *sacrifício*, louva-se o *heroísmo* do grande homem, sua indiferença em relação ao seu próprio bem, sua abnegação por uma ideia, por uma grande causa, por uma pátria, tudo isso mal-entendidos. O que há é que o grande homem se transborda, se difunde, prodigaliza, prescinde de si fatalmente, irremediavelmente, involuntariamente, do mesmo modo que é involuntário um rio ultrapassar suas margens, inundando as terras ribeirinhas. Mas, como devemos muito a esses explosivos, foram gratificados com uma porção de coisas, tais como uma moral superior. Esse é o agradecimento da humanidade; entende seus benfeitores ao contrário.

45

O criminoso e seus congêneres. — O tipo do criminoso é o tipo de homem forte colocado em condições desfavoráveis, de homem forte enfermo. Necessitava viver em uma comarca selvagem, em uma natureza e em uma forma de vida mais livre e mais perigosa, onde subsiste de direito tudo aquilo que ante o instinto do homem forte constitui sua arma e defesa. Suas virtudes são proscritas pela sociedade e os instintos vivazes que traz ao mundo ao nascer se confundem em seguida com os atos depressivos, com a suspeita, o medo, a desonra. Vejam aí a fórmula da degeneração fisiológica. O que se vê obrigado a fazer ocultamente o que faria melhor, o que prefere, e tem de fazê-lo com precauções e com astúcia, torna-se anêmico, e como seus instintos lhe proporcionam, somente perigos, perseguições e catástrofes, sua sensibilidade volta-se contra seus instintos e ele se julga presa da fatalidade.

Em nossa sociedade dócil, medíocre, castrada, um homem que está próximo à natureza, que vem da montanha ou do mar degenera facilmente em um criminoso. Ou quase fatalmente, pois há casos em que um homem desse gênero resulta mais forte que a sociedade. O corso Napoleão é o exemplo mais famoso. Para o problema que aqui se apresenta tem importância o testemunho de Dostoiévisky — o único psicólogo, diga-se de passagem, de quem se tem algo a aprender e que faz parte dos acasos mais felizes de minha vida, mais ainda que a descoberta de Stendhal. Esse homem profundo, que tinha razão de sobra para fazer pouco de um povo tão superficial como os alemães, viveu muito tempo entre os presidiários da Sibéria e esses criminosos, para os quais não há redenção possível na sociedade, lhe produziram uma impressão muito diferente da que esperava. Pareceram-lhe da melhor madeira que existe na terra russa, da madeira mais dura e mais preciosa.

Generalizemos o caso do criminoso; imaginemos caracteres que por uma razão qualquer não obtêm a sanção pública, que sabem que não são considerados nem doadores de benefícios nem elementos úteis — o sentimento da *chandala*, do intocável, que compreende que não é olhado como um igual, mas sim como réprobo, indigno, contaminado. Nesses caracteres, os pensamentos e os atos são iluminados por uma luz subterrânea; para eles, todas as coisas assumem uma coloração mais pálida que para os que vivem à luz do dia.

Porém quase todas as formas de existência que hoje honramos viveram em outro tempo nessa atmosfera meio sepulcral: o homem de ciência, o artista, o gênio, o espírito livre, o cômico, o comerciante, o grande explorador. Enquanto prevaleceu o sacerdote como tipo superior, os homens de valor de todas as classes foram desprezados. Épocas se aproximam — posso assegurar — em que o sacerdote será considerado o ser mais baixo, mais embusteiro e mais indecente, como *nosso chandala*. Observem como ainda agora, em meio aos costumes mais suaves que existiram no mundo (os atuais da Europa), tudo o que vive separado, tudo o que está há muito tempo, demasiado tempo por baixo, toda forma de existência impenetrável e que sai do ordinário aproxima-se desse tipo que culmina no criminoso. Todos os inovadores do espírito levam à frente de si por algum tempo o sinal pálido e fatal do *chandala*; não porque sejam considerados assim, mas sim porque eles mesmos sentem o terrível abismo que os separa de todo o tradicional e venerado. Quase todos os gênios conhecem como uma fase de seu desenvolvimento a *existência catilinária*, sentimento do ódio, de vingança e de rebelião contra tudo que já *existe*, contra tudo que está se *fazendo*. Catilina... e forma preexistente de todo César.

46

Aqui a vista é livre. — Talvez por elevação da alma o filósofo cala, talvez por amor se contradiz; o que persegue o conhecimento é capaz de uma cortesia que pode obrigá-lo mentir. Com grande sagacidade se disse: *é indigno dos grandes corações expandir a preocupação que experimentam.* Entretanto, é preciso acrescentar que não ter medo do mais indigno pode ser igualmente grandeza de alma. Uma mulher enamorada sacrifica sua honra, um filósofo que ama sacrifica talvez sua humanidade, um deus que amou se fez judeu...

47

A beleza não é um acidente. — A beleza de uma raça ou uma família, sua graça, sua perfeição em todos seus gestos são adquiridas com trabalho. É, como no gênio, o resultado final do trabalho acumulado das gerações. É mister ter feito grandes sacrifícios ao bom gosto, ter feito e ter sacrificado muitas coisas a favor dele. O século XVII na França é digno de admiração por esse conceito; havia então um princípio de seleção da sociedade, do meio, do vestir, das satisfações sexuais e se chegou a preferir a beleza à utilidade, ao hábito, à opinião, à indolência. Regra superior: ninguém deve *abandonar-se* nem sequer diante de si mesmo. As coisas boas custam muito caro e prevalece sempre a lei de que quem as têm é diferente de quem as adquire. Tudo que é bom é herança; o não herdado é imperfeito, não é mais que um princípio. Em Atenas, no tempo de Cícero, que se assombrava com isso, os homens, e em particular os mancebos, eram muito superiores em beleza às mulheres; porém quantos trabalhos e esforços não tinha se imposto o sexo masculino a favor da beleza durante séculos! Todavia, não se deve ter ilusões em relação ao método empregado: uma simples disciplina de sentimentos e pensamentos produz resultados quase nulos (esse é o grande erro da educação alemã, completamente ilusória). O primeiro a ser persuadido é o corpo. A observância rigorosa das atitudes elegantes e seletas, a obrigação de viver apenas com homens que "não se deixam ir" é o suficiente para se tornar distinto e eminente. Em duas ou três gerações a obra lançou raízes profundas. Isso decide a sorte dos povos e da humanidade se a cultura começa pelo ponto exato por onde deve começar; não pela alma (essa foi a superstição funesta dos sacerdotes e semissacerdotes), mas pelo corpo, pelos gestos, pelo regime físico, pela fisiologia; o resto virá a seu tempo. Os gregos foram a esse respeito o primeiro *acontecimento da civilização* na história. Sabiam disso e fizeram o necessário. O cristianismo, que desdenhava o corpo, tem sido até agora a maior calamidade do gênero humano.

48

O progresso tal como o entendo. — Também eu falo de um "retorno à natureza", ainda que não se trate propriamente de uma volta para trás, mas sim uma marcha para a frente e para o alto, para a natureza sublime, livre e terrível, que joga e tem o direito de jogar com os grandes destinos. Valendo-me de um *símbolo*, Napoleão foi um exemplo desse retorno à natureza como o entendo (*in rebus tacticis* também, e, mais ainda, como sabem os militares, em estratégia). Entretanto, aonde queria chegar Rousseau? Rousseau, esse primeiro homem moderno, idealista e *canaille* em uma só pessoa, que tinha necessidade de *dignidade* moral para suportar próprio aspecto, doente de um orgulho desenfreado e de um desprezo desenfreado em relação a si mesmo? Esse aborto que se colocou no umbral dos novos tempos, desejava também o retorno à natureza; porém, devemos repeti-lo, aonde queria chegar? Odeio ainda Rousseau na revolução, que foi a expressão histórica desse ser de duas caras, idealista e *canaille*. A *sangrenta farsa* que se representou então, a *imoralidade* da revolução, me é indiferente. O que abomino é sua moralidade a Rousseau, as supostas *verdades* da revolução, mediante as quais ainda exerce influência e sedução em tudo que é vulgar e medíocre. A doutrina da igualdade!... Não há veneno mais venenoso, pois parece pregado pela própria justiça, quando é a ruína de toda justiça.

"Para os iguais, igualdade; para os desiguais, desigualdade", tal deveria ser a linguagem de toda justiça, de onde se deduziria necessariamente o não igualar jamais o desigual. Em torno dessa doutrina da igualdade se desenvolveram tantas cenas horríveis e sangrentas, que lhe ficou, a essa ideia moderna por excelência, uma espécie de glória e de auréola, até o ponto em que o *espetáculo* da revolução extraviou até os espíritos mais distintos. No entanto, isso não é razão para conceder-lhe maior estima. Só conheço um que provou isso da maneira que deve ser provado — com *asco*: Goethe...

49

Goethe. — Acontecimento não alemão, mas europeu, tentativa grandiosa de vencer o século XVIII por meio de um retorno ao estado de natureza, por meio de um esforço para elevar-se ao

Renascimento, por virtude de uma espécie de constrangimento exercido sobre si mesmo por nosso século, Goethe portava em si os mais enérgicos instintos: o sentimentalismo, a idolatria pela natureza, o *anti-historicismo*, o idealismo, o quimérico e a tendência revolucionária (esse aspecto revolucionário é apenas uma forma de antirrealismo). Recorreu à história, às ciências naturais e a Spinoza, mas em primeiro lugar à atividade prática; cercou-se de horizontes bem definidos; longe de afastar-se da vida, submergiu-se nela; não foi pusilânime e aceitou todas as responsabilidades possíveis. O que desejava era a *totalidade*, combateu a separação entre a razão e a sensualidade, entre o sentimento e a vontade (predicada, na mais repulsiva das escolásticas, por Kant, o antípoda de Goethe); disciplinou-se para chegar a ser integral; fez-se a si mesmo.

Goethe, em uma época de sentimentos fantásticos, *irreais*, era um realista convicto: inclinava-se para tudo aquilo que nesse ponto tinha algum parentesco com ele, e o maior acontecimento de sua vida foi aquele *ens realissimum* chamado Napoleão. Goethe concebia um homem forte, muito culto, hábil em todos os exercícios da vida física, muito senhor de si, dotado do respeito de sua própria individualidade e capaz de aventurar-se a gozar plenamente o natural em toda a sua riqueza e toda a sua extensão; bastante forte para a liberdade; homem tolerante não por debilidade, mas por sua própria força, porque soubera obter vantagens do que seria a ruína dos homens medianos; homem para o qual nada era proibido, salvo a fraqueza, chame-se isso vício ou virtude... Um espírito *emancipado* semelhante aparece no centro do Universo, com um fatalismo feliz e confiante, com a convicção de que não há nada condenável além daquilo que existe isoladamente e de que, no conjunto, tudo se resolve e se afirma. *Não nega*. Essa fé é a mais elevada de todas as fés possíveis. Eu a batizei com o nome de *Dionísio*.

50

Pode-se dizer que, em certo sentido, o século XIX se esforçou para caminhar em direção a tudo aquilo que Goethe tentou alcançar pessoalmente: uma universalidade que compreende e admite tudo, uma tendência a dar acesso a todos, um ousado realismo, um respeito ao fato. Como explicar que o resultado total não tenha sido um Goethe, mas um caos, um suspiro niilista, uma confusão que faz com que se perca a cabeça, um instinto de esgotamento que impele continuamente na prática ao retorno do século XVIII? (Por exemplo, sob a forma de sentimento romântico, de altruísmo, de hipersentimentalismo, de feminismo no gosto, de socialismo na política.)

O século XIX não será, ao terminar, senão um século XVIII aumentado e retificado, isto é, um século de decadência; de modo que Goethe, não só para a Alemanha, mas para toda a Europa, terá sido tão somente um incidente, uma bela inutilidade? Contudo, seria desconhecer os grandes homens considerá-los segundo a perspectiva miserável da utilidade pública. Não poder extrair disso proveito algum é *talvez propriedade da grandeza*.

51

Goethe é o último alemão que me inspira respeito; teria sentido três coisas como eu as sinto: entendemo-nos no que se refere à *Cruz*. Perguntam-me muitas vezes por que escrevo em alemão quando em nenhum outro lugar sou tão mal lido como na minha pátria. Entretanto, quem sabe se *desejo* ser lido hodiernamente? Criar coisas sobre as quais o tempo lança seus dentes em vão; tender pela forma e pela substância a uma pequena imortalidade... jamais fui bastante modesto para exigir menos de mim mesmo. O aforismo, a sentença na qual tenho sido o mestre entre os alemães, consiste em aspirar às formas da eternidade. Orgulho-me pelo fato de dizer em dez frases o que qualquer outro *não* diz nem em um volume.

Ofereci à humanidade o livro mais profundo que ela possui, *Assim Falava Zaratustra*, e dentro em pouco lhe oferecerei o livro mais independente.

O que Devo aos Antigos

1

Para findar, mais uma palavra acerca desse mundo antigo, para o qual busquei caminhos e para o qual talvez tenha encontrado um novo caminho. Meu gosto, que é quiçá contrário ao gosto tolerante, está assim mesmo muito longe de aprovar em bloco. Em geral não gosto de aprovar; prefiro contradizer e até negar. Isso com respeito a civilizações inteiras, com respeito a certos livros e não menos verdade em relação a cidades e paisagens. Realmente não influíram na minha vida um reduzidíssimo número de livros antigos, não precisamente os mais célebres. Meu gosto pelo estilo despertou quase espontaneamente quando me pus em contato com Salustio. Não me esquecerei do assombro de meu venerado professor, o senhor Corssen, ao ver-se obrigado a dar a melhor nota ao pior aluno de latim de sua classe; aprendi tudo de um só fôlego. Cerrado, severo, com muita substância no fundo, com uma fria malevolência para com a frase *bela* e os belos sentimentos. Salustio fez com que nessas qualidades suas eu adivinhasse a mim mesmo. Até em meu *Zaratustra* pode-se perceber a ambição de se atingir o estilo *romano*, o *aere perennius* no estilo.

Algo relativamente semelhante me aconteceu com Horácio. Até agora nenhum poeta me proporcionou um encanto artístico comparável ao que experimentei ao ler suas obras. Em certos idiomas, nem sequer é possível aspirar ao que vemos realizado ali. Esse mosaico de palavras em cada vocábulo, tanto por seu timbre especial quanto por seu lugar na frase e pela ideia que expressa, tem um valor substantivo; esse *minimum* na soma e o número dos signos e esse *maximum* na energia dos signos, tudo isso é romano e aristocrático por excelência. Qualquer outra poesia torna-se coisa popular ao lado disso, mera charlatanice de sentimentos.

2

Aos gregos não devo absolutamente nada. Dos gregos não se aprende; seu gênero é estranho demais e demasiado móvel para produzir um efeito imperativo, "clássico". Quem teria aprendido a escrever com um grego? Quem teria podido aprender sem os romanos? Que não se pretenda contestar-me com Platão. Em relação a Platão sou profundamente cético e nunca partilhei da admiração pelo *artista* Platão, tradicional entre os sábios. Os juízes mais refinados do gosto entre os antigos estão do meu lado. Platão mistura todas as formas de estilo, pelo que é o primeiro decadente do estilo; apresenta faltas semelhantes às dos cínicos que inventaram a *Sátira Menipeia*. Para encontrar encanto em um diálogo de Platão, forma dialética horrivelmente satisfeita de si e infantil, é preciso não ter lido nunca os bons escritores franceses, um Fontenelle, por exemplo. Platão é tedioso.

Minha desconfiança em relação a Platão robustece-se cada vez mais. Parece-me que ele se desviou de todos os instintos fundamentais dos gregos; encontro-o tão impregnado de moral, tão cristão antes do cristianismo — já apresentou a ideia do bem como ideia superior — que me sinto tentado a empregar, antes de qualquer outro qualificativo que abranja todo o fenômeno, o seguinte epíteto: Platão, ou a mais elevada farsa; ou melhor ainda: Platão, ou o *idealismo*. Custou-nos caro o fato de esse ateniense ter ido à escola do Egito (talvez entre os judeus do Egito). Na grande fatalidade do cristianismo, Platão representa essa fascinação do duplo sentido chamada *ideal*, que enganou os tipos elevados da Antiguidade e os fez atravessar a ponte que conduz à cruz. Quantos vestígios de Platão existem na formação, no sistema e nas práticas da Igreja! Meu descanso, minha preferência foi sempre Tucídides. Tucídides e talvez O *príncipe*, de Maquiavel, estão estreitamente ligados a mim por sua vontade incondicional de não enganarem a si mesmos e ver a razão na *realidade* e não na *razão*, e muito menos na *moral*. Não há nada que cure tão radicalmente como Tucídides o deplorável embelezamento que com cor de ideal o jovem de "educação clássica" carrega na vida como recompensa de sua aplicação no instituto. É necessário lê-lo linha por linha e também as entrelinhas. A *cultura dos sofistas*, isto é, a cultura dos realistas, alcança nele a expressão mais acabada e representa um movimento inapreciável em meio à charlatanice moral e ideal da escola socrática, que se desencadeou então por todas as partes. A filosofia grega é a decadência do instinto grego. Tucídides é a grande soma, a última revelação desse espírito das realidades, forte, severo e duro que os antigos helenos possuíam em seu instinto. A coragem diante da realidade é o que distingue Tucídides de Platão. Platão é covarde diante da realidade e *por isso* se refugia no ideal; Tucídides é senhor de si e portanto senhor das coisas.

3

Vislumbrar nos gregos almas belas — admirar, por exemplo, sua serenidade na grandeza, seu sentimento ideal — constitui uma grande tolice alemã, da qual fui preservado pelo psicólogo que há dentro de mim. Percebi seu instinto mais violento, a vontade de potência, eu os vi tremer diante da força desenfreada desse impulso, vi nascerem todas as suas instituições de medidas de precaução para se assegurarem reciprocamente contra as *matérias explosivas* que levavam em si. Sua enorme tensão interior descarregava em ódios terríveis e implacáveis para fora. Suas cidades se destroçavam umas às outras para que os cidadãos conseguissem individualmente o descanso entre si. Era necessário ser forte; o perigo estava sempre próximo e espreitava continuamente. Os corpos soberbos e ágeis, o realismo e o imoralismo intrépidos que caracterizavam os gregos eram fruto da necessidade, não de sua natureza. Eram uma consequência e não qualidades originárias. As artes serviam apenas para provocar um sentimento de superioridade; eram meios de glorificação de si mesmo e até meios de intimidação. Julgar os gregos à moda alemã, segundo seus filósofos, valer-se da tosca honradez da escola socrática para chegar à explicação do caráter dos gregos!... Como se os filósofos não tivessem sido os decadentes do helenismo, o movimento de oposição contra os antigos gostos aristocráticos! (Contra o instinto *agonal*, contra a *polis*, contra o valor da raça, contra a autoridade da tradição.) As virtudes socráticas foram pregadas porque os gregos as haviam perdido: iracundos, medrosos, inconstantes, cômicos, tinham razões de sobra para se deixarem pregar a moral. Não porque esta servisse para algo, mas porque as grandes frases e as atitudes finas ficam muito bem nos decadentes.

4

Fui o primeiro que, pela compreensão desse antigo instinto grego, rico e até exuberante, tomei a sério aquele maravilhoso fenômeno que leva o nome de *Dionísio* e que só é explicável por um excedente de força. Todo aquele que tenha estudado os gregos, como Jacob Burckhardt, de Basileia, que é quem mais profundamente conhece essa civilização, percebe logo a importância que isso tinha. Burckhardt intercalou em sua *civilização dos gregos* um capítulo especial acerca do tal fenômeno. Para darmos conta do contrário, observemos a pobreza de instinto de um filólogo alemão quando se aproxima da ideia dionisíaca. O famoso Lobeck, sobretudo, com a segurança de um bicho que se remexe entre os livros, se arrastou na direção desse mundo de estados misteriosos para se convencer de que era científico, quando na realidade era superficial e infantil até o ponto em que se causa aversão. Lobeck deu a entender, com grande esforço de erudição, que todas essas curiosidades tinham pouca importância. É possível, com efeito, que os sacerdotes comunicassem aos que participavam dessas orgias alguns pensamentos que não carecem de valor; por exemplo, que o vinho incita à alegria, que o homem pode sustentar-se com frutos por algum tempo, que as plantas florescem na primavera e perdem suas folhas no outono. Diante daquela estranha abundância de ritos, de símbolos, de mitos de origem orgíaca que pululam no mundo antigo, Lobeck encontrou um pretexto para mostrar-se ainda mais engenhoso. "Os gregos", diz *(Aglaophamus,* I, 672), "quando não tinham outra coisa que fazer punham-se a saltar, rir e correr, ou então se lançavam ao chão a chorar e lamentar-se, coisa de que também o homem pode gostar. Outros se aproximavam então deles em busca da explicação daquelas ações surpreendentes e assim se formaram, para explicar tais costumes, inúmeras lendas, festas e mitos. Por outro lado, acreditava-se que essas ações burlescas fossem necessárias nas festas e foram conservadas como uma parte indispensável do culto." Eis um palavrório desprezível que nos autoriza a não levar a sério Lobeck. Ao examinar a "ideia grega" que Winckelmann e Goethe formaram, temos que reconhecer sua incompatibilidade com aquele elemento de onde nasce a arte dionisíaca — com a *orgia*. Tenho certeza de que Goethe, realmente, teria excluído, em razão de princípios, uma ideia semelhante das possibilidades da alma grega. *Por conseguinte, Goethe não compreendia os gregos*, pois é aí onde se expressa a realidade fundamental do instinto helênico, sua *vontade de viver.* O que o grego buscava por meio desses mistérios? A *vida eterna*, o eterno retorno à vida, o porvir prometido e santificado no passado, a afirmação triunfante da vida vencedora da morte; a vida verdadeira como prolongamento coletivo, por meio da procriação, mediante os mistérios da sexualidade. Por isso o símbolo sexual era para os gregos o signo venerável por excelência, o verdadeiro sentido profundo de todo o orgulho antigo. As particularidades do ato da geração, da gravidez, do nascimento despertam neles pensamentos elevados e solenes. Na ciência dos mistérios a dor é santificada; o esforço de parir tornava a dor sagrada; tudo o que é *devir* e crescimento, tudo o que assegura o porvir requer dor. Para que exista a alegria eterna da criação, para que a vontade de viver se afirme eternamente por si mesma, é necessário também que existam as dores do parto. A palavra *Dionísio* significa tudo isso. Não conheço simbolismo mais elevado do que esse simbolismo grego das festas dionisíacas. O mais profundo instinto da vida, o da vida futura, se traduz ali de uma maneira religiosa; a procriação é o caminho sagrado da vida. O cristianismo, ao investir contra a vida, foi o que fez da sexualidade algo impuro, lançando lama à sua origem e sua condição primeira.

5

Na psicologia da orgia como sentimento de vida e força transbordante, dentro dos limites do que até a dor opera como estimulante, deu-se a chave da ideia do sentimento trágico, que nem Aristóteles nem nossos pessimistas lograram compreender. Tão longe está a tragédia de demonstrar algo a favor dos pessimistas gregos, no sentido de Schopenhauer, que poderia ser considerada sua refutação definitiva. A afirmação da vida até em seus problemas mais árduos e duros; a vontade de viver, regozijando-se no sacrifício de nossos tipos mais elevados, é o que eu chamei de dionisíaco, e nisso acreditei encontrar o fio condutor que nos leva à psicologia do poeta trágico. O fim da tragédia não é desembaraçar-se do medo e da piedade, nem purificar-se de uma paixão perigosa, mediante sua descarga impetuosa — como o entendeu Aristóteles —, mas *realizar-se em si mesmo*, acima do medo e da piedade, é a eterna alegria que leva em si o júbilo do aniquilamento... E assim volto ao meu ponto de partida. A *origem da tragédia* foi minha primeira transmutação de todos os valores; para aquela senda retorno eu, o último discípulo do filósofo Dionísio; eu, o mestre do eterno retorno, me coloco no terreno onde cresceu meu querer e cresceu meu *saber*.

O Martelo Fala

— Por que és tão duro? — perguntou um dia ao diamante o carvão caseiro. — Não somos parentes próximos?

— Por que sois tão moles? Ó meus irmãos, assim vos pergunto *eu*: pois não sois vós... meus irmãos?

— Por que tão moles, tão fáceis de abrandar? Por que em vossos corações tanta renúncia, tanta abnegação?... e tão pouco destino em vossos olhares?

— E se não quereis ser destinos, se não sereis inexoráveis, como poderão sobrepujar comigo?

— E se vossa dureza não brilhar e cortar e produzir incisões: como poderão um dia criar comigo?

— Pois todos os criadores são duros. E devia vos parecer ventura colocar vossas mãos sobre milênios como sobre cera branda.

Ventura escrever sobre a vontade de milênios como sobre metal — mais duro que metal, mais nobre que metal. Somente o mais nobre é perfeitamente duro.

Meus irmãos, eu coloco sobre vós esta nova tábua: Fazei-vos duros!*

---

* De *Assim falava Zaratustra*, Parte III, "Das Antigas e das Novas Tábuas", XXIX. Tal obra foi publicada pela Nova Fronteira em 2016. (N.E.)

Conheça os títulos da Coleção Clássicos de Ouro

132 crônicas: cascos & carícias e outros escritos — Hilda Hilst
24 horas da vida de uma mulher e outras novelas — Stefan Zweig
50 sonetos de Shakespeare — William Shakespeare
A câmara clara: nota sobre a fotografia — Roland Barthes
A conquista da felicidade — Bertrand Russell
A consciência de Zeno — Italo Svevo
A força da idade — Simone de Beauvoir
A guerra dos mundos — H.G. Wells
A ingênua libertina — Colette
A mãe — Máximo Gorki
A mulher desiludida — Simone de Beauvoir
A náusea — Jean-Paul Sartre
A obra em negro — Marguerite Yourcenar
A riqueza das nações — Adam Smith
As belas imagens (e-book) — Simone de Beauvoir
As palavras — Jean-Paul Sartre
Como vejo o mundo — Albert Einstein
Contos — Anton Tchekhov
Contos de terror, de mistério e de morte — Edgar Allan Poe
Crepúsculo dos ídolos — Friedrich Nietzsche
Dez dias que abalaram o mundo — John Reed
Física em 12 lições — Richard P. Feynman
Grandes homens do meu tempo — Winston S. Churchill
História do pensamento ocidental — Bertrand Russell
Memórias de Adriano — Marguerite Yourcenar
Memórias de um negro americano — Booker T. Washington
Memórias de uma moça bem-comportada — Simone de Beauvoir
Memórias, sonhos, reflexões — Carl Gustav Jung
Meus últimos anos: os escritos da maturidade de um dos maiores gênios de todos os tempos — Albert Einstein
Moby Dick — Herman Melville
Mrs. Dalloway — Virginia Woolf
O banqueiro anarquista e outros contos escolhidos — Fernando Pessoa
O deserto dos tártaros — Dino Buzzati
O eterno marido — Fiódor Dostoiévski

O Exército de Cavalaria (e-book) — Isaac Bábel
O fantasma de Canterville e outros contos — Oscar Wilde
O filho do homem — François Mauriac
O imoralista — André Gide
O príncipe — Nicolau Maquiavel
O que é arte? — Leon Tolstói
O tambor — Günter Grass
Orgulho e preconceito — Jane Austen
Orlando — Virginia Woolf
Os mandarins — Simone de Beauvoir
Retrato do artista quando jovem — James Joyce
Um homem bom é difícil de encontrar e outras histórias — Flannery O'Connor
Uma morte muito suave (e-book) — Simone de Beauvoir

DIREÇÃO EDITORIAL
Daniele Cajueiro

EDITORA RESPONSÁVEL
Ana Carla Sousa

PRODUÇÃO EDITORIAL
Adriana Torres
Mariana Teixeira

REVISÃO
Luana Luz de Freitas
Stella Carneiro

DIAGRAMAÇÃO
Futura

CAPA
Victor Burton

Este livro foi impresso em 2021 para a Editora Nova Fronteira.